Herausgegeben von Pro Velo Schweiz, Verlag velojournal und Pro Velo Graubünden

D1724020

Die **26** schönsten Velotouren

Familientouren
Bikespass
Passerlebnisse

WERDVERLAG

2013 Pro Velo Schweiz (ISBN 978-3-85932-703-0)

Impressum

Herausgeber
Pro Velo Schweiz, Verlag velojournal
Pro Velo Graubünden: Werner Glünkin
Projektleitung Pro Velo Graubünden: Andreas Egger, Edi Rölli
Projektleitung Pro Velo Schweiz: Monika Hungerbühler

Konzeption
Pro Velo Schweiz, Verlag velojournal

Gestaltung
Andreas Bosshard Design

Layout
tnt-graphics, Lars Weiss

Redaktion
Sandra Gerber, Pete Mijnssen, Peter Oberholzer

Tourenbefahrung
Gion-Duri Bezzola, Peter Brunner, Lukas Caluori, Simon Caluori, Andreas Egger, Lorenz Fanger, Sandra Gerber, Helen Lampert, Maurus Maurer, Peter Oberholzer, Patrizia Parolini, Julius Risch, Ueli Schär, Martha Widmer-Spreiter, Rosa Maria Zegg

Fotos
Chur Tourismus, Engadin Adventure, Heididorf Maienfeld, Heidiland Tourismus, Daniel Jäggi, kmu-fotografie.ch, Marietta Kobald, Hans Lozza, Daniel Martinek, Nationalparkzentrum Zernez, Origen Festival / Benjamin Hofer, Margrit Steiff, Tamina Therme Bad Ragaz, Dominik Täuber, Tessvm AG, Gian Vaitl, Caroline Zollinger
Alle anderen Fotos zVg. durch die TourenbefahrerInnen.

Lektorat und Produktion
Verlag velojournal: Philippe Amrein, Pete Mijnssen

Sponsoring, Inserate
Pro Velo Schweiz: Monika Hungerbühler
Pro Velo Graubünden: Andreas Egger, Sandra Gerber
Verlag velojournal: Pete Mijnssen

Korrektorat
Verlag velojournal: Jürg Odermatt

Druck
Bodan AG Druckerei und Verlag, Kreuzlingen
klimaneutral gedruckt

Vertrieb
Werd Verlag, Zürich
www.werdverlag.ch

Karten
Reproduziert mit Bewilligung von swisstopo (BA130035)

Inhalt

Herausgeber

Pro Velo Schweiz ist der nationale Dachverband für die Interessen der Velofahrenden in Alltag und Freizeit. Ihm gehören 35 Regionalverbände in allen Landesteilen an. Als Non-Profit-Organisation setzt sich der Verband für die Interessen der Velo fahrenden Bevölkerung ein und bietet Dienstleistungen an. Die Regioführer von Pro Velo machen das Wissen engagierter Velofahrerinnen und Velofahrer einer breiten Bevölkerungsschicht zugänglich.
Der **Verlag velojournal** ist Herausgeber der gleichnamigen Schweizer Fachzeitschrift sowie von Büchern.
www.pro-velo.ch / www.velojournal.ch

Pro Velo Graubünden ist die Lobby der Velofahrenden in Graubünden. Wir engagieren uns für eine velogerechte Verkehrsplanung, ideale und sichere Abstellplätze, bessere Anbindung an den öffentlichen Verkehr und mehr Platz auf der Strasse. Als Mitglied von Pro Velo stärken Sie unser Engagement.
www.provelogr.ch

Partner

Rhätische Bahn
Mit der Rhätischen Bahn (RhB) verfügt Graubünden über eine eigene Bahn. Das 384 km lange Streckennetz bietet geradezu ein unerschöpfliches Reservoir für Rundfahrten und Ausflüge mit dem Zweirad. In den meisten Zügen stehen Verlademöglichkeiten für Velos zur Verfügung.
www.rhb.ch

PostAuto Graubünden
PostAuto ist der wichtigste Feinverteiler im öffentlichen Verkehr der Schweiz. Knapp 300 gelbe Postautos vom Mini- bis zum Doppelstockfahrzeug erschliessen (fast) alle Seitentäler des Kantons Graubünden. Gegen 500 Mitarbeiterinnen und Mitarbeiter der PostAuto Schweiz AG und der PostAuto-Unternehmen sorgen dafür, dass jeden Tag rund 30 000 Pendler und Freizeitreisende mit dem Postauto sicher und zuverlässig ihr Ziel erreichen.
www.postauto.ch

Biketec
Flyer fahren ist Teil einer genussvollen, gesunden und nachhaltigen Lebensform. Mit dem original Schweizer Elektrovelo erklimmt man uneingeschränkt lustvoll jeden Berg und fährt mit einem Lächeln auf den Lippen gegen den Wind. Der Flyer ermöglicht es, bewegende Mobilität auf zwei Rädern zu erleben, auch bei gesundheitlichen Beeinträchtigungen.
www.flyer.ch

Ihre Meinungen, Anregungen, Ergänzungen und Kritik interessieren uns! Wir freuen uns über Rückmeldungen unter info@provelogr.ch oder per Post an Pro Velo Graubünden, Surual 5, Postfach 40, 7403 Rhäzüns, Telefon 081 641 22 87

Martin Jäger,
Regierungsrat

La Bicicletta – il Velo – das Fahrrad
Auf zwei Rädern durch den dreisprachigen Kanton Graubünden

Geschätzte Velofreunde

Biken, radeln, Velo fahren ist in! Egal ob flach oder steil und hügelig: Auf zwei Rädern die Landschaft zu geniessen, macht Spass und ist erst noch gesund! Und unser Kanton kennt viele passende Strecken: Für die gemütlichen Fahrer bieten sich ausgeschilderte Velowege im Rheintal oder durch die untere Mesolcina an. Etwas anspruchsvollere Routen finden sich im Prättigau oder in der Surselva. Und wer es ganz anspruchsvoll mag, pedalt über den Albulapass, den Ofenpass oder den San Bernardino.

Velofahren ist ein grosses Hobby von mir. Ich fahre nicht nur tagtäglich mit dem Velo zur Arbeit. Nein, ich besitze neben dem GA auch ein Velo-GA und erkunde damit regelmässig schöne Gegenden in der ganzen Schweiz. Velofahren bedeutet für mich Erholung, Genuss, Entspannung. Und das Velo vereinbart für mich als Vorsteher des Erziehungs-, Kultur- und Umweltschutzdepartementes Graubünden meine drei Bereiche perfekt: Auch Velofahrer benötigen Erziehung: Verkehrserziehung! Es ist gut, dass unsere Kinder bereits früh lernen, wie sich Verkehrsteilnehmende – auch mit dem Velo – im Strassenverkehr korrekt verhalten. Die Schweiz ist ein Veloland, sie hat eine beneidenswerte Velokultur. Kultur geniessen kann man auch, indem man sie mit dem Velo «erfährt» und so Schlösser, Burgen oder Denkmäler entdeckt.

Last, but not least komme ich zur Umwelt: Velofahren ist umweltfreundlich, verursacht keinerlei Feinstaub, ist praktisch klimaneutral, geräuscharm und energieeffizient. Für das Jahr 2014 ist geplant, den ersten sogenannten Umweltveloweg von Zürich nach Chur zu eröffnen. Damit schliesst sich der Kreis. Wir sind wieder bei der Bildung, bei der Erziehung angelangt. Sinn und Zweck dieses Umweltveloweges soll es sein, durch interessante Hinweistafeln, lustvolle Spiele und spannende Experimente das Umweltwissen der Menschen zu vertiefen.

Bis bald also auf einer der zahlreichen Velotouren in Graubünden!
Martin Jäger, Regierungsrat

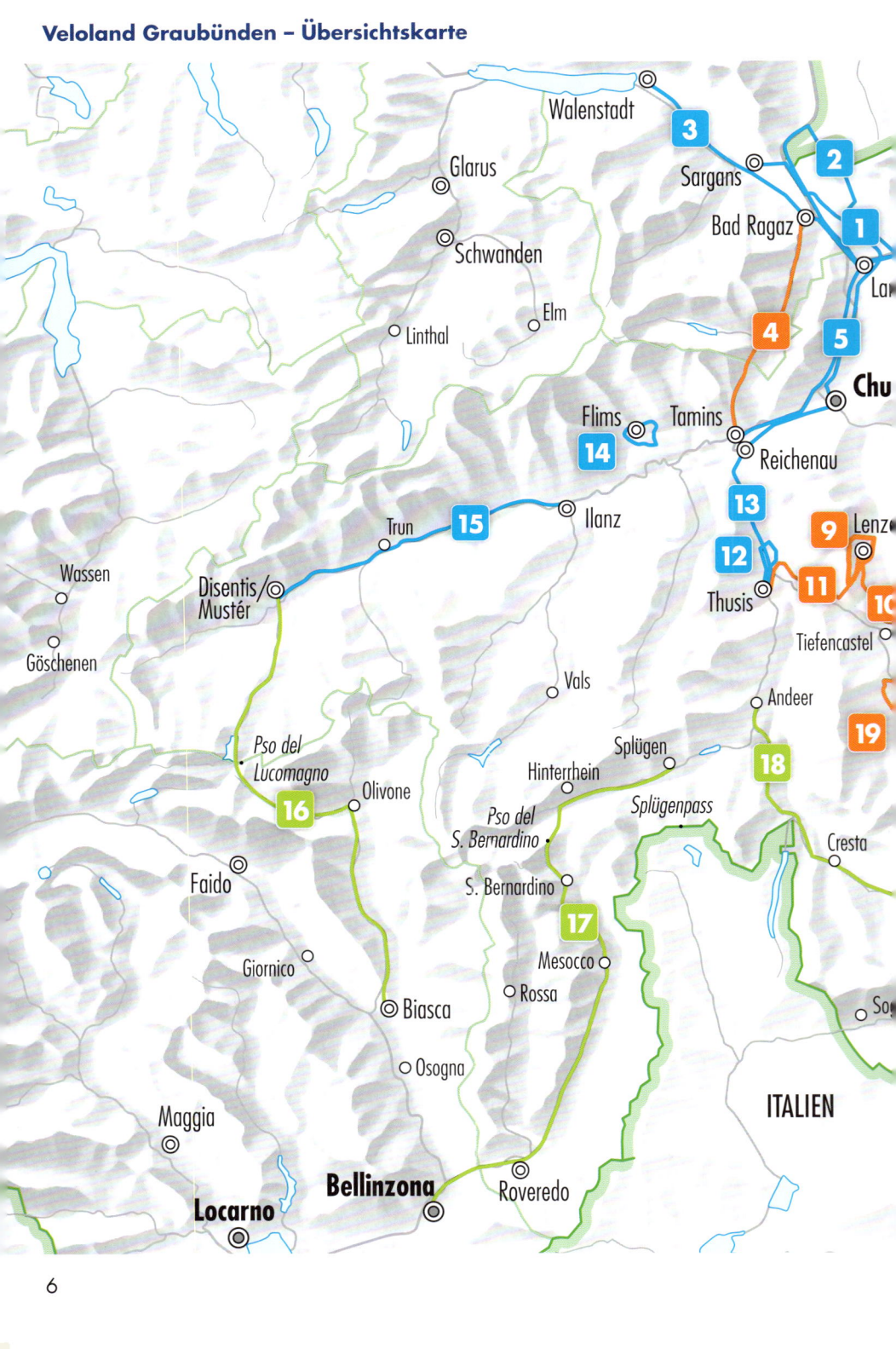

ÖSTERREICH

Samnaun

Martina

Küblis

6 Klosters

Piz Buin

Scuol

7 **Davos**

24

Flüelapass

Susch

S-charl

8

Zernez

25

Bergün/
Bravuogn

23

Ofenpass

Müstair

Zuoz

20

Albulapass

Samedan
Pontresina

Sta. Maria
V. M.

St. Moritz

pass

22

Silvaplana

21

Pso del Bernina

ITALIEN

el Maloja

26

Poschiavo

Miralago

	Titel	Route	Länge in km	Aufstieg in m	Abstieg in m	Grad
1	Burgenblauburgunderland	Chur–Sargans	35	185	262	•
2	Auf ins Ländle	Landquart–Luzisteig–Landquart	35	386	386	• •
3	Zum Walensee pedalen	Landquart–Walenstadt	29	62	156	•
4	Bäder, Bären, Buchen	Bad Ragaz–Kunkelspass–Tamins	30	967	801	• • •
5	Vu Khur obanaba	Reichenau–Chur–Landquart	27	100	176	•
6	Prättigau	Klosters–Landquart	34	70	739	• •
7	Die Taleintalaustour	Davos Platz–Waldji–Davos Platz	25	400	400	• •
8	Zügig in der Zügenschlucht	Davos-Wolfgang–Wiesen Station	24	77	513	• •
9	La vista è bella	Lenzerheide–Sporz–Valbella–Lenzerheide	18	525	525	• •
10	Streifzug durchs Albulatal	Lenzerheide–Filisur	23	280	670	•
11	Durch den Alten Schin	Lenzerheide–Thusis	18	180	961	• •
12	Fast schon südlich	Thusis–Almens–Paspels–Thusis	19	275	275	• •
13	Domleschger Polenweg	Thusis–Chur	28	143	243	•
14	Wo Elfen radeln würden	Flims–Trin Mulin–Flims	18	387	387	• •

15 **Durch die Surselva**	Disentis–Ilanz	33	150	574	• •
16 **Ab ins Tessin**	Disentis–Lukmanierpass–Biasca	60	994	1834	• • •
17 **Auf dem alten Säumerweg**	Splügen–Passo San Bernardino–Bellinzona	77	840	2068	• • •
18 **Averser Talfahrt**	Juf–Andeer	28	130	1271	• •
19 **Heldentour**	Savognin–Tinizong–Salouf–Savognin	22	680	680	• •
20 **Atemlos am Albula**	La Punt–Albulapass–Filisur	35	720	1320	• •
21 **Oberengadiner Seen**	Maloja–Pontresina	26	205	245	•
22 **Gletschertour Berninapass**	Berninapass–Pontresina	19	93	595	• •
23 **Bären- statt Ochsentour**	Pontresina–Zernez	36	190	510	•
24 **Durchs Unterengadin**	Zernez–Scuol	31	550	742	• •
25 **Hochalpine Genusstour**	S-charl–Müstair	34	620	1171	• •
26 **Val Poschiavo**	Sfazù–Miralago	18	50	710	•

Blau = Familienerlebnis   Orange = Bikeerlebnis   Grün = Passerlebnis

Veloland Regional

Regionale und nationale Routen in Graubünden

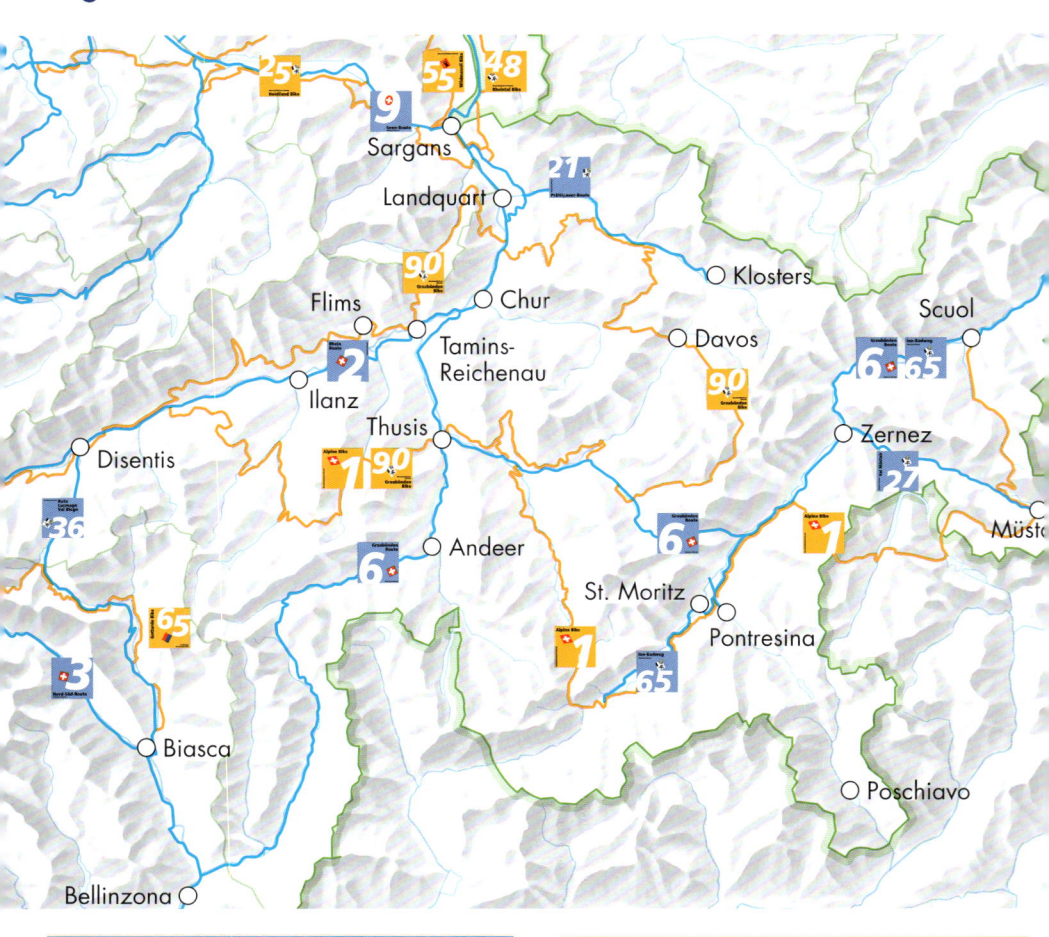

VELOLAND	
2	Andermatt–Basel
3	Basel–Chiasso
6	Chur–Martina/Chur–Bellinzona
9	Montreux–Rorschach
21	Klosters–Sargans
27	Zernez–Sta. Maria V.M.
36	Biasca–Disentis
65	Maloja–Martina

MOUNTAINBIKELAND	
1	Scuol–Aigle
25	Niederurnen–Sargans
48	Sennwald—Bad Ragaz
55	Sargans–St. Gallen
65	Andermatt–Biasca
90	Trun–Trun

Lokale Bikerouten, dreistellig
Aufgeführt in den einzelnen Tourenblättern.

Das Veloland-Netz

SchweizMobil stellt mit Veloland Schweiz ein umfassendes, einheitlich signalisiertes Veloroutennetz für den Freizeitveloverkehr bereit. Im Kanton Graubünden laden viele Hundert Streckenkilometer zu abwechslungsreichen Touren ein. Die Veloland-Routen starten immer an einem Bahnhof oder im Dorfzentrum, an manchen Orten muss nach dem Ausgangspunkt Ausschau gehalten werden. Je nach Routenführung kann sich dieser beim «vorderen» oder «hinteren» Ausgang des Bahnhofs befinden. An wichtigen Orten orientieren Infotafeln über das regionale Angebot von SchweizMobil. www.veloland.ch
www.mountainbikeland.ch

Die Signalisation von SchweizMobil unterwegs

Die SchweizMobil-Signalisation besteht aus roten Signalen mit hellblauen (Veloland) oder ockerfarbenen (MTB-Land) Routenfeldern. Diese enthalten die Nummer der Route und ihren Namen. Falls die Routenfelder fehlen, kann den roten Veloland-Schildern gefolgt werden. Im Kanton Graubünden kann es zudem vorkommen, dass auf den Wanderrouten gefahren werden muss. Dies ist offiziell erlaubt, wobei natürlich auf gegenseitige Rücksichtnahme zu achten ist.
In den Wegbeschreibungen der Tourenblätter sind «Orientierungspunkte» an den Orten gesetzt, wo eine signalisierte Route verlassen wird oder die Tour auf eine solche führt. Es lohnt sich also, sich an diesen Orten kurz zu orientieren, um sich ganz sicher nicht zu verfahren. Verläuft die vorgeschlagene Tour nicht auf signalisierten Abschnitten, findet sich eine Wegbeschreibung im Textfeld auf der Kartenseite.

Lokale Bikerouten

In den Ferienregionen des Kantons Graubünden sind zahlreiche lokale Bikerouten ausgeschildert. Sie sind an der dreistelligen Zahl und dem gelben Hintergrund zu erkennen und wiederum auf den roten Velolandtafeln angebracht. Einige davon werden in diesem Tourenführer erwähnt, andere dürfen selber entdeckt werden. Auskünfte gibt es bei SchweizMobil oder den Touristeninformationen vor Ort.

Veloland trifft auf Mountainbikeland: Graubünden bietet für alle etwas.

Veloland Schweiz – Nationale Routen

Nr.	Name	Distanzen		Höhenmeter einzelner Abschnitte ohne/mit Veloverlad in Bahn, Bus und Schiff					
		km	ungeteert	Abschnitt	ohne	mit	Abschnitt	ohne	mit
1	**Rhone-Route**	345	26	Oberwald–Genf	1100	700	Andermatt–Genf	2100	800
				Genf–Oberwald	2100	1000	Genf–Andermatt	3200	1000
2	**Rhein-Route**	430	80	Disentis–Basel	1400	1100	Andermatt–Basel	2000	1200
				Basel–Disentis	2300	1900	Basel–Andermatt	3200	2000
3	**Nord-Süd-Route**	365	30	Basel–Chiasso	3600	1000			
				Chiasso–Basel	3600	1000			
4	**Alpenpanorama-Route**	485	10*	St. Margrethen–Aigle	7900	5100			
				Aigle–St. Margrethen	7900	4400			
5	**Mittelland-Route**	370	85	Romanshorn–Lausanne	1600	1500			
				Lausanne–Romanshorn	1600	1500			
6	**Graubünden-Route**			Chur–Martina	2900	600	St. Moritz–Martina	1100	
	> Chur–Martina	152	55	Martina–Chur	2500	700	Martina–St. Moritz	1900	
	> Chur–Bellinzona	128	25	Chur–Bellinzona	2000	500			
				Bellinzona–Chur	2300	1700			
7	**Jura-Route**	280	20	Basel–Nyon	4500	2600			
				Nyon–Basel	4400	2400			
8	**Aare-Route**	305	70	Meiringen–Koblenz	1100	800	Gletsch–Koblenz	1700	900
				Koblenz–Meiringen	1350	1000	Koblenz–Gletsch	3100	1100
9	**Seen-Route**	505	50	Montreux–Rorschach	4200	2000			
				Rorschach–Montreux	4200	2200			

*geteert zu umfahren

Wer die Wahl hat, hat die Qual

Welche Tour zu welcher Jahreszeit am besten zu welcher Person passt, lässt sich mit den nachfolgenden Hinweisen und Tipps sicher herausfinden.

Wahl nach Region

Der einfachste Einstieg: Sie wissen ungefähr, wo Sie unterwegs sein möchten, und suchen sich auf der Übersichtskarte und der dazugehörenden Liste (Seite 6–9) etwas Passendes heraus. Hier ist es wichtig, die regionalen klimatischen Bedingungen zu beachten. Zum Ausgangspunkt der Tour fahren Sie am entspanntesten mit dem Velo auf einer signalisierten Veloland-Route oder mit öffentlichen Verkehrsmitteln. Alle Touren beginnen beim Bahnhof oder Dorfzentrum.

Wahl nach Kondition

Ungeübte Velofahrende oder Familien mit kleineren Kindern beginnen am besten mit 1-Punkte-Familientouren. Diese sind flach, es bleibt genug Zeit für ausgedehnte Pausen, und die Touren können immer mit einem Anhänger absolviert werden. Bei 2-Punkte-Familien- oder -Biketouren werden mehr Höhenmeter überwunden, und die Auf- sowie Abfahrten sind etwas anspruchsvoller. Für die etwas Aktiveren sind die 3-Punkte-Pass- und -Biketouren genau das Richtige. Hier sind einige Höhenmeter oder steile Abfahrten zu bewältigen. Allerdings kann der Aufstieg jeweils mit dem ÖV stark abgekürzt werden. Diese Möglichkeiten sind im Tourenbeschrieb erwähnt.

Wahl nach Attraktion

Wer eigentlich baden, spielen oder etwas besichtigen will, dies aber mit einer Velofahrt verbinden möchte, plant den Tagesausflug am besten mithilfe des ausführlichen Indexes ab Seite 38.

Ob Bike oder Velo: Vorbereitung ist wichtig!

Tipps für die perfekte Tour

- In höheren Lagen kann es auch im Sommer kalt werden und stark winden, und in den Bergen sind die Wetterwechsel schnell und manchmal unvorhersehbar. Zudem ist die Sonneneinstrahlung erhöht.
- Die meisten Touren lassen sich abkürzen, verlängern oder bieten Varianten. Manchmal kann es auch sinnvoll sein, ein Teilstück mit dem Zug zurückzulegen.
- Pro Stunde reine Fahrzeit fährt man in der Ebene 15–20 km, mit kleineren Kindern etwa 10 km. Steigungen müssen zusätzlich eingerechnet werden.
- Besonders Kinder brauchen ausgedehnte Pausen, nicht unbedingt, um auszuruhen, sondern auch, um zu spielen.
- Daraus folgt, dass 30–40 km für Familien einen schönen Tagesausflug mit genügend Zeitreserve ergeben.
- Eine saisongerechte Planung garantiert mehr Spass und ist entscheidend für das gute Gelingen: im Sommer Touren in der Höhe und mit Bademöglichkeiten auswählen, im Herbst solche oberhalb der Nebel-, aber unterhalb der Schneegrenze.
- Die regionalen Betriebszeiten der Anlagen, Busse und Attraktionen beachten! So vermeidet man, plötzlich vor verschlossenen Türen zu stehen.

So finden Sie sich zurecht

Informationen zu den Tourenblättern

Blau = Familienerlebnis

Familientouren haben wenige Höhenmeter im Aufstieg und bieten abwechslungsreiche Attraktionen für die ganze Familie.

Grün = Passerlebnis

Pedalen, pedalen, geniessen … Sportlich im Aufstieg, genussreich in der Abfahrt. Das Passerlebnis verlangt etwas mehr und bietet viel. Wichtig: Die Aufstiege können meist mit dem ÖV abgekürzt werden, was auch im Profil gekennzeichnet ist.

Orange = Bikeerlebnis

Bei den Mountainbike-Touren sollte man es ruppiger mögen. Etwas Fahrtechnik ist Voraussetzung, Singletrails kommen aber nur abschnittweise vor. Tourenvelotauglich.

Punkte

1 Punkt heisst «leicht», 2 Punkte «mittel» und 3 Punkte «anspruchsvoll».

Karten-Massstab

1:60000 oder 1:100000

Die Tourenführung auf den 26 Tourenblättern

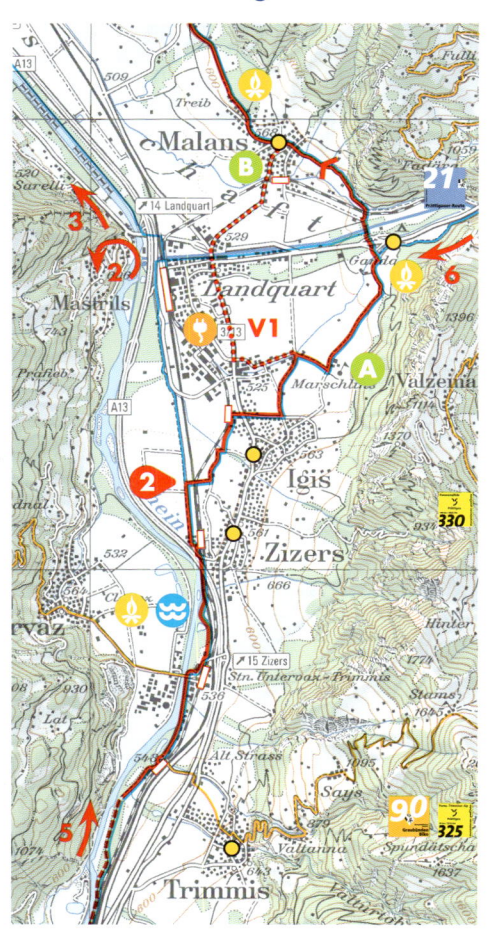

 Tourenverlauf mit Startpunkt und Steigung

nicht asphaltiert   mögliche Varianten

 Wegbeschreibung: Informationen zur Weiterfahrt finden sich bei der entsprechenden Nummer im farbigen Kasten.

 Ausflugsziele-Highlights: Informationen finden Sie bei den entsprechenden Buchstaben und zum Teil auf der Rückseite der Tourenblätter.

 Picknickplatz   Akkuwechselstation

 Bademöglichkeit, Freibad etc.

 RhB-Bahnhof   PostAuto-Haltestelle

 Anbindungstour aus diesem Buch

Signalisierte SchweizMobil-Routen:

 Veloland   Mountainbikeland

Regiert wird zwar in der Hauptstadt. Die Bündner Herrschaft aber liegt weiter den Rhein abwärts, zwischen unzähligen Rebbergen, Burgen und Schlössern. Ein Genuss auf und neben dem Velo.

1
Burgenblauburgunderland
Von Chur in die Bündner Herrschaft

leicht • Familienerlebnis

Streckeninformation
Von Chur nach Sargans
Länge: 35 km
Höhenmeter im Aufstieg: 185
Verkehr: Asphaltierte Nebenstrassen mit Wochenendverkehr und Velowege mit kurzen ungeteerten Abschnitten.

Kombination mit ÖV
Chur und Sargans: SBB nach Zürich oder St. Gallen
Chur: RhB nach St. Moritz, Disentis oder Davos

Anbindung an Veloland
Chur: Routen Nr. 2 und 6
Sargans: Routen Nr. 2, 9, 21, 35

Verpflegung
• Untervaz-Bahnhof, Restaurant Sportcenter Fünf Dörfer, mit Spielplatz, 081 307 19 80
• Malans, Restaurant Krone, Kronengasse 1, 081 322 14 55
• Jenins, Gasthaus zur Traube, Unterdorf 1, 081 302 18 26
• Fläsch, Erna's Törkali, Unterdorf 74, 081 302 33 41
Picknick
• Zizers, bei den Baggerseen, zwischen Untervaz und Zizers
• Malans, Älplibahn, Feuerstelle mit Spielplatz
• Maienfeld, Peter-Brunnen, zwischen Maienfeld und Fläsch

Ausflugsziele
Älplibahn Malans In 14 Minuten gelangt man auf 1800 m ü. M. zur Bergstation mit Beizli und Traumaussicht. Reservation notwendig: 081 322 47 64
www.aelplibahn.ch
Maienfeld Historisches Städtchen, von April bis Oktober ist jedes Wochenende ein Torkel (Weinkeller) geöffnet.
www.wiikend.ch
Gonzen-Bergwerk Sargans
Führungen nach Anmeldung, Restaurant im Stollen, 081 723 12 17
www.bergwerk-gonzen.ch
Bademöglichkeiten
• Chur, Obere Au, Frei- und Hallenbad, Grossbruggerweg 6, 081 254 42 88
• Zizers, Baggerseen zwischen Bahnhof Untervaz und Zizers

Velofachgeschäfte
• Chur, Arcas Tretmaschinen, Jochstrasse 1, 081 252 01 76
• Igis, Christian Valär, Unterdorfstrasse 39, 081 322 66 14
• Zizers, Bike4fun, Tardisstrasse 229, 081 322 51 10

E-Bike-Miete und Akkuwechsel
• Chur, Rent-a-bike, 051 228 53 04
• Maienfeld, Swiss Heidi Hotel, Werkhofstrasse 1, 081 303 88 88

Tipp
Zu Fuss oder per Velo durch die autofreie Churer Altstadt flanieren.

Eine beinahe vornehme Rundtour durch die Rebberge der Herrschaft, ins blaublütige Fürstentum und vorbei am Nobelresort Bad Ragaz. Unterwegs muss allerdings die Festung Luzisteig gestürmt werden.

2
Auf ins Ländle
Rundtour über ein bewachtes Pässle

mittel • Familienerlebnis

Streckeninformation
Rundtour Landquart–Luzisteig–Landquart
Länge: 35 km
Höhenmeter im Aufstieg: 386
Verkehr: Nebenstrassen mit Wochenendverkehr, kurze Abschnitte auf unbefestigten Wegen.

Kombination mit ÖV
Landquart: RhB nach Chur oder Davos/Scuol, SBB über Sargans nach Chur, Zürich oder St. Gallen

Anbindung an Veloland
Landquart: Routen Nr. 2, 21
Sargans: Routen Nr. 2, 9, 21, 35

Verpflegung
• Malans, Restaurant Krone, Kronengasse 1, 081 322 14 55
• Jenins, Alter Torkel, Terrasse im Rebberg, Jeninserstrasse 3, 081 302 36 75
• Maienfeld, Heidihof, Bovelweg 16, 081 300 47 47,
• Luzisteig, Landgasthof St. Luzisteig, 081 302 72 22
Picknick
• Malans, Feuerstelle mit Spielplatz bei Älplibahn
• Balzers, St. Katharinenbrunnen, Feuerstelle im Naturschutzgebiet

Ausflugsziele
Militärmuseum Luzisteig Festungsgeschichte von 1700 bis heute, Juni bis Oktober, samstags, 081 300 40 20
www.luzisteig.ch
Gonzen-Bergwerk Sargans Führungen durch das historische Bergwerk nach Anmeldung, 081 723 12 17
www.bergwerk-gonzen.ch
Schloss Sargans Regionalgeschichtliches Museum, 081 723 65 69, Restaurant mit Gartenterrasse, 081 723 14 88
www.ortsgemeinde-sargans.ch
Altes Bad Pfäfers Ein Museum am Ausgang der spektakulären und begehbaren Taminaschlucht, April bis Oktober, 081 302 71 61
www.altes-bad-pfaefers.ch
Bademöglichkeit
Bad Ragaz, Tamina Therme, Thermalheilbad, Hans-Albrecht-Strasse, 081 303 27 40
www.taminatherme.ch

Velofachgeschäfte
• Landquart, Brauchli & Co., Bahnhofstrasse 18, 081 322 38 04
• Bad Ragaz, Radsport Bislin, Sarganserstrasse 19, 081 302 55 53

E-Bike-Miete und Akkuwechsel
• Maienfeld, Swiss Heidi Hotel, Werkhofstrasse 1, 081 303 88 88
• Bad Ragaz, Bigger Velos, Scrganserstrasse 11, 081 302 15 72

Tipp
Die Wanderung in die imposante Taminaschlucht bietet eine angenehme Abkühlung.

Zuerst dem Rhein, dann der Seez entlang gibt es Burgruinen und Industriegeschichte zu entdecken. Gemütlich und weitgehend flach geht es durch goldene Kornfelder zum blauen See.

3

Zum Walensee pedalen
Zwischen Gonzen und Churfirsten

leicht • Familienerlebnis

Streckeninformation
Von Landquart nach Walenstadt
Länge: 29 km
Höhenmeter im Aufstieg: 62
Verkehr: Asphaltierte Velowege und Nebenstrassen mit wenig Verkehr.

Kombination mit ÖV
Landquart: RhB nach Chur oder Davos, SBB nach Zürich oder St. Gallen
Walenstadt: SBB nach Zürich oder Chur

Anbindung an Veloland
Landquart: Routen Nr. 2, 21
Sargans: Routen Nr. 2, 9, 21, 35
Walenstadt: Route Nr. 9

Verpflegung
• Vilters, Landgasthaus Rosengarten, mit Terrasse, Sarganserstrasse 34, 081 723 13 63
• Wangs, Parkhotel Wangs, Bahnhofstrasse 31, 081 725 09 80
• Mels, Restaurant Schlüssel, Oberdorfstrasse 5, 081 723 12 38
• Walenstadt, Restaurant Seehof, Seestrasse 104, 081 735 12 45
Picknick
• Vilters/Wangs, Saarfall mit Grill: 1 km nach Flugfeld Bad Ragaz vor Brücke links abbiegen
• Mels, Feuerstelle und schöner Spielplatz, direkt an Tour bei Pfadiheim
• Walenstadt, Badestrand mit Kiosk und Feuerstellen

Ausflugsziele
Altes Bad Pfäfers Restauriertes Bad als Museum, offen April bis Oktober, Bus ab Bahnhof Bad Ragaz
www.altes-bad-pfaefers.ch
Taminaschlucht Spektakuläre Schlucht zum Erwandern, saisonale Öffnungszeiten
www.altes-bad-pfaefers.ch
Gonzen-Bergwerk Sargans Führungen nach Anmeldung, Restaurant im Stollen, 081 723 12 17
www.bergwerk-gonzen.ch
Schloss Sargans Regionalgeschichtliches Museum, 081 723 14 88, Restaurant mit Gartenterrasse, 081 723 14 88
www.ortsgemeinde-sargans.com
Bademöglichkeiten
• Bad Ragaz, Tamina Therme, Thermalheilbad, Hans-Albrecht-Strasse, 081 303 27 40
www.taminatherme.ch
• Mels, Hallenbad mit Cafeteria und Kiosk, 081 723 57 59
• Walenstadt, am Ufer des Walensees

Velofachgeschäfte
• Landquart, Brauchli & Co., Bahnhofstrasse 18, 081 322 38 04
• Mels, Drift Bike Shop, Sarganserstrasse 9, 081 710 49 09

E-Bike-Miete und Akkuwechsel
• Bad Ragaz, Pizolbahnen, Matells, 081 300 48 30
• Walenstadt, Hotel Churfirsten, Bahnhofstrasse 41, 081 736 44 44

Tipp
Das etwas andere Shopping im «Designer Outlet» in Landquart.

Kein Wunder, treiben sich in der wilden und mystischen Landschaft und der Sagenwelt des Taminatals Drachen, Wölfe und Höhlenbären herum. Zwischen imposanten Felswänden führt die Tour auf den sonnigen Kunkelspass.

4

Bäder, Bären, Buchen
Von Bad Ragaz über den Kunkelspass

schwer • Bikeerlebnis

Streckeninformation
Von Bad Ragaz über
den Kunkelspass nach Tamins
Länge: 30 km
Höhenmeter im Aufstieg: 967
Verkehr: Asphaltierte Nebenstrassen
und etwas Naturstrasse, wenig
Verkehr. Steile Abfahrt nach Tamins.

Kombination mit ÖV

Bad Ragaz: SBB nach Zürich, St. Gallen
oder Chur
PostAuto über Pfäfers nach Vättis oder über
Valens zum Mapraggsee
Reichenau-Tamins: RhB nach Chur oder Thusis
Abkürzung: Mit dem Postauto nach Valens

Anbindung an Veloland

Bad Ragaz: Route Nr. 21
Tamins: Route Nr. 2

Verpflegung

• Valens, Restaurant Zanai, Kliniken
Valens, 081 303 16 22
• Vättis, Hotel Calanda, 081 306 11 06
• Vättis, Bergrestaurant Eggwald, Ober-
kunkels, mit Spielplatz und Streichel-
zoo, Mai bis Oktober, 081 641 11 19
• Tamins, Bergrestaurant Überuf,
Kunkelspass, Mai bis Oktober,
081 641 11 62

Picknick

• Mapraggsee, Feuerstelle und Tische
am Fluss, kurz nach See an der Tour
• Kunkelspass, Feuerstelle und Bank
beim grossen Brunnen

Ausflugsziele

Alte Säge Valens Restaurierte
Dorfsäge an der Strasse, immer offen
Walsersiedlung St. Martin
Im 14. Jh. gegründet, gut erhaltene
Häuser, Kirche, Restaurant, Mai bis
Oktober
www.st-martin.ch
Steinskulpturenweg Vättis
Spazierweg zu Kunstwerken
www.steinskulpturenweg.vaettis.ch
Eichwald Tamins Lehrpfad zwischen
Tamins und Felsberg, 2 h
www.tamins.ch
Bademöglichkeiten
• Bad Ragaz, Giessenparkbad, Freibad,
Mai bis September, Seestrasse 41,
081 661 23 45
www.giessenpark.com
• Bad Ragaz, Tamina Therme,
Thermalheilbad, Hans-Albrecht-Strasse,
081 303 27 40
www.taminatherme.ch
• Valens, Kliniken Valens, Thermalbad,
081 303 16 06
www.klinik-valens.ch

Velofachgeschäft

Bad Ragaz, Bigger und Co.,
Sarganserstrasse 11, 081 302 15 72

Akkuwechsel

• Vättis, Hotel Tamina,
Platz 11, 081 306 11 73
• Tamins, Schlosshotel Adler,
Reichenau, 081 641 10 44

Tipp

Funde von Höhlen-
bärenknochen im
Drachenlochmuseum
Vättis bestaunen.

Dem Rhein entlang über Felder, durch Auenwälder und vorbei an der Kantonshauptstadt, bei Föhn sogar fast ohne Anstrengung. Ob Natur, Kultur oder Spiel: Es gibt für Radler jeden Alters viel zu entdecken.

5
Vu Khur obanaba
Mit dem Rhein bis an die Grenze

leicht • Familienerlebnis

Streckeninformation
Von Reichenau über Chur nach Landquart
Länge: 27 km
Höhenmeter im Aufstieg: 100
Verkehr: Mehrheitlich asphaltierte Nebenstrassen mit wenig Verkehr.

Kombination mit ÖV
Reichenau-Tamins: RhB nach Chur, Disentis oder Thusis
Landquart: RhB nach Chur oder Klosters, SBB nach Zürich, St. Gallen oder Chur

Anbindung an Veloland
Reichenau/Tamins: Route Nr. 2
Chur, Felsberg: Routen Nr. 2, 6
Landquart: Routen Nr. 2, 21

Verpflegung
• Reichenau, Schlosshotel Adler, Speiserestaurant mit Schlosspark, 081 641 10 44
• Felsberg, Restaurant Calanda, Rheinstr. 19, 081 252 13 25
• Chur, Rest. Hallenbad, Obere Au, Grossbruggerweg 6, 081 284 74 52
• Untervaz Bahnhof, Restaurant Sportcenter Fünf Dörfer, mit Spielplatz, 081 307 19 80

Picknick
• Haldenstein, Feuerstelle beim Spielplatz
• Zizers, Feuerstelle bei Baggerseen zwischen Untervaz und Zizers, mit Bademöglichkeit

Ausflugsziele
Rheinschlucht Ruinaulta Der «Swiss Grand Canyon» zwischen Ilanz und Reichenau kann erwandert, mit Bahn und Bike erfahren oder auf dem Wildwasserraft erlebt werden.
www.rheinschlucht.ch
Altstadt Chur Die älteste Schweizer Stadt atmet Geschichte an jeder Ecke. Die malerische Innenstadt ist autofrei und bietet zahlreiche Attraktionen. Bündner Kunstmuseum, Bündner Naturmuseum, Rätisches Museum, Öffnungszeiten: Di–So 10–17 Uhr; Montag geschlossen.
www.churtourismus.ch
Bademöglichkeiten
• Chur, Obere Au, Frei- und Hallenbad, mit Saunawelt und Wasserspielen, Grossbruggerweg 6, 081 254 42 88
• Zizers, Baggerseen zwischen Bahnhof Untervaz und Zizers

Velofachgeschäfte
• Domat/Ems, M.K. Maissen, Via Nova 40, 081 633 36 33
• Chur, Velocenter Imholz, Wiesentalstrasse 135, 081 353 62 00
• Landquart, Brauchli & Co., Bahnhofstrasse 18, 081 322 38 04

E-Bike-Miete und Akkuwechsel
• Chur, Bahnhof SBB, 051 228 53 04
• Landquart, Camping TCS Neue Ganda, Ganda 21, 081 322 39 55

Tipp
Erholung, Spass und Erfrischung für alle im Tier- und Freizeitpark in Chur.

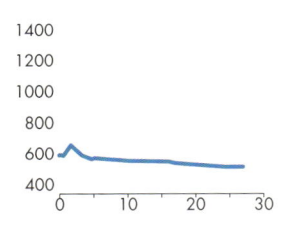

Diese abwechslungsreiche Flussreise unter- und überquert Brücken am Laufmeter. Die Landquart zeigt sich als naturnaher Kontrast abseits der Verkehrsflüsse im Prättigau.

6
Prättigau
Immer schön der Landquart nach

mittel • Familienerlebnis

Streckeninformation
Von Klosters nach Landquart
Länge: 34 km
Höhenmeter im Aufstieg: 70
Verkehr: Grösstenteils Radweg, verkehrsarme Nebenstrassen oder Naturstrassen, nicht anhängertauglich bis Küblis.

Kombination mit ÖV
Klosters: RhB nach Davos oder Landquart
Landquart: RhB/SBB nach Chur oder Zürich

Anbindung an Veloland
Landquart: Route Nr. 2

Verpflegung
• Serneus, Hotel Bad Serneus, Badstrasse 16, 081 254 32 00
• Saas, Restaurant Bahnhöfli, Bahnhofstrasse, 081 332 10 93
• Jenaz, Restaurant Landhaus Jenaz, Hauptstrasse 28, 081 332 32 32
Picknick
• Küblis, Waldspielplatz mit zwei «Schweizer Familie»-Feuerstellen, an der Landquart
• Landquart, Feuerstelle bei Waldhütte Bettlerbüchel mit Spielplatz und Hindernisparcours, bei der Tankstelle Ganda links in den Wald hinauf

Ausflugsziele
Erlebnispark Madrisaland Mit der Madrisabahn ab Klosters Dorf auf die Saaseralp, Rutschbahnen, Sagen- und Tierpark, 081 410 21 70
www.madrisa-land.ch
Salginatobelbrücke Schiers
Historischer Rundpfad um die spektakuläre Betonbrücke, ca. 2 h, Distanz: ca. 4,5 km
www.worldmonument.ch, www.praettigau.ch
Bikepark Schiers Geschicklichkeitsparcours auch für Anfänger im Wald an der Strasse zwischen Schiers und Grüsch
www.bike-club.ch
Bademöglichkeiten
• Serneus, Bad Serneus, ab 15 Uhr Familienbad, 081 254 32 00
www.badserneus.ch
• Fideris, Schwimmbad Tobel, Freibad mit Wasserrutsche, 081 332 24 79
• Grüsch, Schwimmbad Grüsch, Freibad mit Wasserrutsche, 081 325 18 18
www.hotelgruesch.ch

Velofachgeschäfte
• Küblis, Velo Flütsch, Hauptstrasse 1, 081 330 53 60, www.velofluetsch.ch
• Schiers, Muzzarelli Bike, Schra 508A, 081 328 13 17, www.garage-muzzarelli.ch

E-Bike-Miete und Akkuwechsel
• Klosters, Bertram's Bike Shop, Bahnhofstrasse 16, 081 318 42 64
• Landquart, Camping TCS Neue Ganda, Ganda 21, 081 322 39 55

Tipp
Zwischen Serneus und Küblis gibt es diverse Lehrpfade über die Natur.

Davos ist ein einziges Sportzentrum. Bewegung verlangt zwar auch diese Tour, dank der malerischen Landschaft, den sanften Anstiegen und schattigen Waldpassagen merkt das aber eigentlich keiner so richtig.

7
Die Taleintalaustour
Eine beschauliche Runde um Davos

mittel • Bikeerlebnis

Dem Davosersee entlang, durch die Walserdörfer der Landschaft Davos, hinein in die wildromatische Zügenschlucht und über den Bärentritt: Die Langeweile bleibt bei dieser Tour garantiert auf der Strecke!

8
Zügig in der Zügenschlucht
Durch Davos, von Wolfgang bis Wiesen

mittel • Familienerlebnis

Streckeninformation
Von Davos Wolfgang nach Wiesen Station
Länge: 24 km
Höhenmeter im Aufstieg: 77
Verkehr: Natur- und asphaltierte Nebenstrassen, wenige Hauptstrassen, zuletzt Singletrail, nicht anhängertauglich.

Kombination mit ÖV
Davos: RhB nach Chur
Wiesen: RhB nach Filisur

Anbindung an Veloland
Keine

Verpflegung
• Davos Platz, Restaurant Parma, Dammstrasse 2, 081 413 48 66
• Davos Frauenkirch, Gasthof Lengmatta, Lengmattstrasse 19, 081 413 55 79
• Davos Glaris, Gasthaus Schmelzboden, Schmelzboden 3, 081 401 14 11
• Davos Wiesen, Restaurant Bim Statiönli, Bahnhofstrasse 3, 081 404 19 62

Picknick
• Davosersee, Feuerstelle am Ufer, Vorsicht: Fahrverbot auf dem Seeweg
• Zügenschlucht, «Schweizer Familie»-Feuerstelle in der Schlucht, direkt an Tour

Ausflugsziele
Kirchner-Museum Werke von E. L. Kirchner, Di bis So, Promenade 82, Davos Platz, 081 410 63 00
www.kirchnermuseum.ch
BierVision Monstein Bierbrauerei, Davos Monstein, 081 420 30 60
www.biervision-monstein.ch
Bergbaumuseum Graubünden Im Schmelzboden, Mi und Sa, Juni bis Oktober, 081 413 76 03
www.silberberg-davos.ch
Bergstation Rinerhorn Streichelzoo, Spielplatz, Feuerstelle, Davos Glaris, 081 401 12 52
www.rinerhorn.ch
Bademöglichkeiten
• Davosersee, Strandbad, Seepromenade, 081 416 15 05
• Davos Platz, Wellness- und Erlebnisbad eau-là-là, Promenade 90, 081 413 64 63
www.eau-la-la.ch

Velofachgeschäft
Davos Platz, 2Radfachgeschäft Metz, Talstrasse 28, 081 413 51 32

E-Bike-Miete und Akkuwechsel
• Davos Platz, Bikeshop Corona, Talstrasse 29, 081 413 44 12
• Davos Frauenkirch, Landgasthof Lengmatta, nur Akkuwechsel, 081 413 55 79
• Davos Wiesen, Restaurant Bim Statiönli, Bahnhofstrasse 3, nur Akkuwechsel, 081 404 19 62

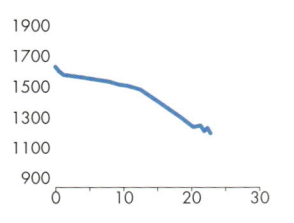

Tipp
Besuch im Adventure Park Davos Färich mit Seilpark und Bikeparcours.

Eine Tour, wie man sie sich wünscht: etwas Auf, etwas Ab, wenig Verkehr und eine prächtige Aussicht auf Berge, Wiesen, Wälder und Seen. Ideal als Einstieg für einen Aufenthalt auf der Lenzerheide.

9

La vista è bella
Aussichtstour um die Lenzerheide

mittel • Bikeerlebnis

Streckeninformation
Rundtour Lenzerheide–Sporz–
Valbella–Lenzerheide
Länge: 18 km
Höhenmeter im Aufstieg: 525
Verkehr: Meist asphaltierte
Nebenstrassen mit wenig Verkehr,
nicht anhängertauglich.

Kombination mit ÖV
Lenzerheide: PostAuto nach Chur oder
Tiefencastel

Anbindung an Veloland
Keine

Verpflegung
• Lenzerheide, Restaurant Lido Heidsee,
mit Spielplatz am See, 081 384 06 01
• Lenzerheide, Café Restaurant Aurora,
081 384 13 32
• Sporz, Restaurant Crap Naros,
081 385 85 08

Picknick
• Lenzerheide, Feuerstelle beim Lido am
Heidsee
• Valbella, Feuerstelle mit WC an der
Tour
• Tgantieni, Feuerstelle bei der Berg-
station Seilbahn Sporz

Ausflugsziele
Globiweg Start bei Seilbahn Sporz in
Lenzerheide, Bergstation mit Spielplatz
und Streichelzoo, 2½ h,
Juni bis Oktober
Schaukäserei Selber Käse produ-
zieren! Im Bergrestaurant Tschugga in
Parpan, Voranmeldung nötig,
081 382 15 53
www.restaurant-tschugga.com
Golfclub Lenzerheide Schnupper-
Golftag, Ausrüstung mietbar,
Anmeldung Tourismusbüro Lenzerheide,
081 385 57 00
www.lenzerheide.com
Bademöglichkeiten
• Lenzerheide, Lido am Heidsee, gratis,
Seestrasse, 081 385 11 20
• Lenzerheide, H2Lai, Sport-, Erlebnis-
und Wellnessbad, Sportzentrum,
Dieschen-Sot, 081 385 21 85

Velofachgeschäfte
• Lenzerheide, Activ Sport Baselgia,
Voa Sporz 19, 081 384 25 34
• Lenzerheide, PEAK 1475 M.Ü.M.,
Arkade Hotel Schweizerhof, 081 385 10 16

E-Bike-Miete und Akkuwechsel
• Lenzerheide, Camping TCS Gravas,
Voa Nova, 081 384 23 35
• Lenzerheide, Pesko Rental,
Talstation Rothorn, 081 385 10 60

Der Albula entlang den Spuren des blauen Goldes folgen und im Angesicht des Landwasserviadukts die menschliche Schaffenskraft bewundern. Eine aufregende Tour auf unbekannten Wegen.

10
Streifzug durchs Albulatal
Von der Lenzerheide nach Filisur

leicht • Bikeerlebnis

Streckeninformation
Von Lenzerheide nach Filisur
Länge: 23 km
Höhenmeter im Aufstieg: 280
Verkehr: Naturstrassen, wenig Hauptstrassen mit mässig Verkehr und kurze Singletrails mit Ausweichmöglichkeit.

Kombination mit ÖV
Lenzerheide: PostAuto nach Chur oder Tiefencastel
Filisur: RhB nach Chur, St. Moritz oder Davos
In den Dörfern: PostAuto

Anbindung an Veloland
Surava und Filisur: Route Nr. 6

Verpflegung
• Lenzerheide, Hotel Collina, Voa Sporz 9, 081 385 00 85
• Lantsch/Lenz, Hotel Restaurant La Tgoma, Voa Principala 37, 081 667 11 68
• Brienz, Restaurant Regzia Viglia, 081 637 06 06
• Filisur, Bahnhofbuffet s'Bahnhöfli, 081 288 47 80
Picknick
• Crap la Tretscha, Feuerstelle direkt an der Tour
• Surava/Alvaneu Bad, Feuerstellen direkt an der Albula
• Filisur, Feuerstelle unterhalb des Landwasserviadukts

Ausflugsziele
Bergruine Belfort Mit Aussichtsplattform und Feuerstelle, bei Brienz
www.brienz-brinzauls.ch
Kirche St. Peter in Mistail Kraftort, einzige Dreiapsidenkirche der Schweiz, 9. Jh.
Wasserweg ansaina / Pfad der Pioniere Ab Alvaneu Bad, Themenwege zur Landschaft
www.parc-ela.ch, www.berguen-filisur.ch
Museum der Bündner Photographen Fotografien vom Bau der Rhätischen Bahn. Filisur, Bahnhofstr. 190, nur zeitweise geöffnet
www.badrutt.org
Bademöglichkeiten
• Lenzerheide, Lido am Heidsee, gratis, Seestrasse, 081 385 11 20
• Bad Alvaneu, Warmes Innen- und Aussenbecken, 081 420 44 00
www.bad-alvaneu.ch

Velofachgeschäfte
• Lenzerheide, Activ Sport Baselgia, Voa Sporz 19, 081 384 25 34
• Lenzerheide, PEAK 1475 M.Ü.M., Arkade Hotel Schweizerhof, 081 385 10 16

E-Bike-Miete und Akkuwechsel
• Lenzerheide, Camping TCS Gravas, Voa Nova, 081 384 23 35
• Alvaneu Bad, Golfshop Alvaneu Bad, nur Akkuwechsel, Albulastrasse 120, 081 404 10 92

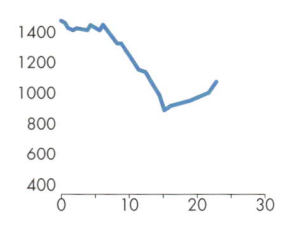

Tipp
Bündner Rütli: 1471 wurde in Vazerol der Freistaat Graubünden gegründet.

Eine rauschende Tour von der alpinen Landschaft der Lenzerheide durch die wilde Schinschlucht ins milde Domleschg. Dank des Streckenprofils erhitzen sich hier vor allem die Bremsen.

11

Durch den Alten Schin

Von der Skipiste in den Obstgarten

mittel • Bikeerlebnis

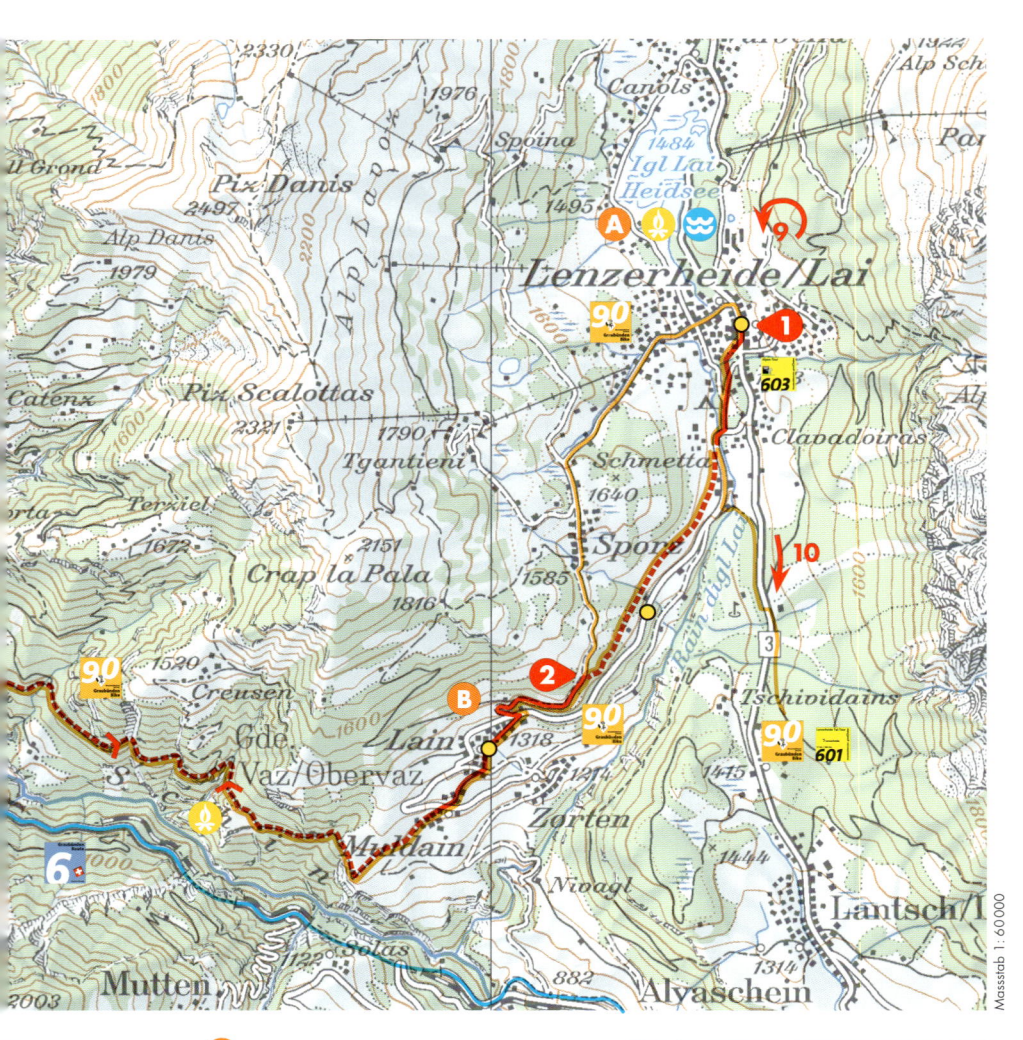

Massstab 1 : 60000

C Modernes Bündnerhaus

Der Architekt Valerio Olgiati baute im Jahr 2007 in Scharans eines der ungewöhnlichsten Häuser Graubündens. Für den bekannten Liedermacher Linard Bardill entwarf er ein Atelier mit einer glatten Fassade aus rot eingefärbtem Beton, ohne Fenster und mit unregelmässig aufgesetzten, modernisierten Bündner Ornamenten. Jeweils am Freitagabend stehen die Türen fremden Besuchern offen.

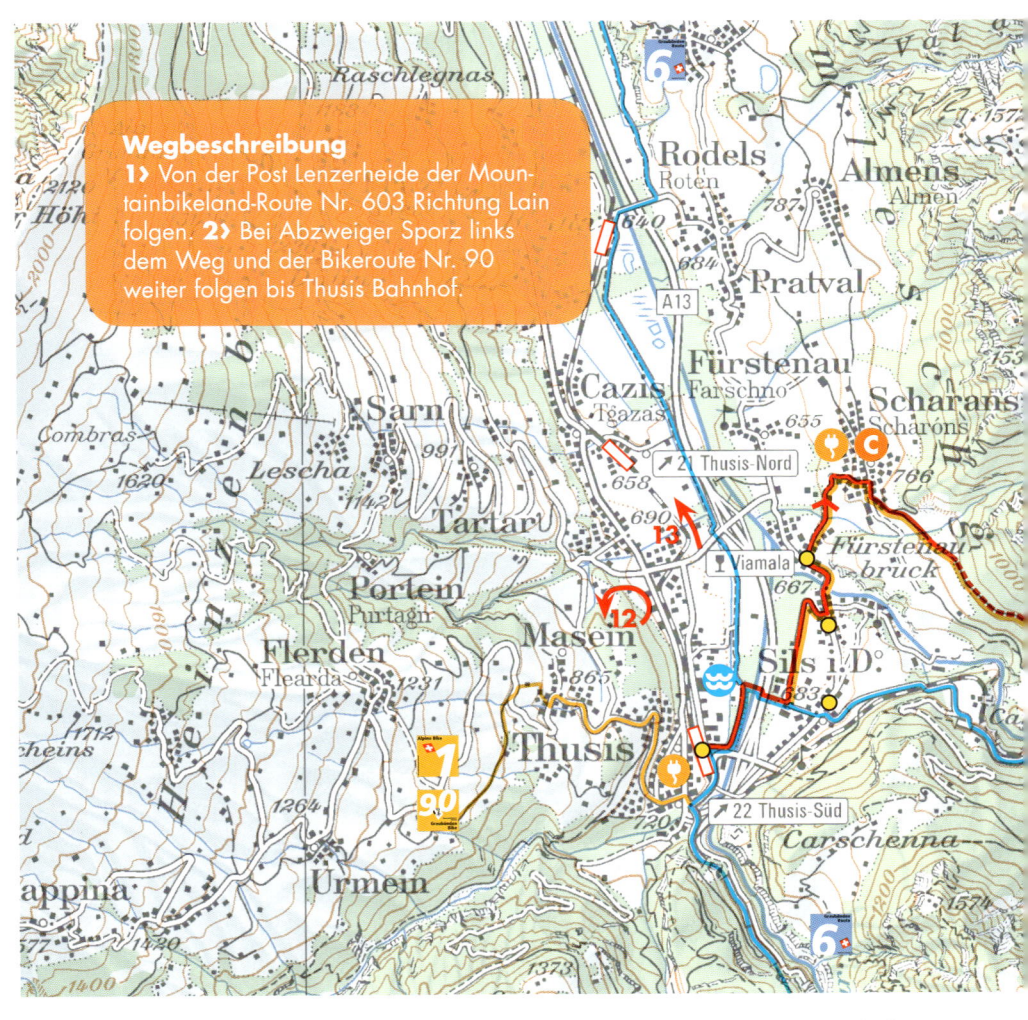

Wegbeschreibung
1› Von der Post Lenzerheide der Mountainbikeland-Route Nr. 603 Richtung Lain folgen. **2›** Bei Abzweiger Sporz links dem Weg und der Bikeroute Nr. 90 weiter folgen bis Thusis Bahnhof.

Lido am Heidsee
Die Badebucht lockt mit Attraktionen wie dem Piratenschiff, einer Hängebrücke, Flossfahren

oder dem Kletterberg «Mini-Lenzerhorn». Rund um den See findet der Radler zahlreiche Grillstellen vor.

B

Kirche St. Luzius
Die 1508 erstmals erwähnte Kirche wurde von 1678 bis 1680 in barockem Stil neu gebaut und im Jahr 1962 restauriert.
Die Südfassade ist geprägt von Malereien, und das Kircheninnere beherbergt einige Sehenswürdigkeiten.

Bis zum Bau d
Fahrstrasse i
mussten die K
abenteuerlich
benutzen – ni
schwache Ne

Streckeninformation
Von Lenzerheide nach Thusis
Länge: 18 km
Höhenmeter im Aufstieg: 180
**Verkehr: Meist Natur- und Wald-
wege, wenig Asphalt, eine kurze
steile Stelle. Nicht für Anhänger.**

Kombination mit ÖV
Lenzerheide: PostAuto nach Chur oder Tiefencastel
Muldain: PostAuto nach Lenzerheide
Thusis: RhB nach Chur und Filisur

Anbindung an Veloland
Thusis, Sils i.D.: Route Nr. 6

Verpflegung
• Lenzerheide, Café Restaurant Aurora, 081 384 13 32
• Scharans, Restaurant Stiftung Scalottas, 081 632 18 52
• Thusis, Restaurant Waldschwimmbad, Pantumweg 7, 081 651 19 00
Picknick
• Lenzerheide, Feuerstelle am Heidsee
• Muldain, Feuerstelle auf Waldlichtung zwischen Muldain und Scharans

Ausflugsziele
St. Luzius in Lain Kirche aus dem 17. Jh., 081 384 11 31
www.kath-lenzerheide.ch
St. Johannes in Muldain Kirche aus dem 17. Jh. mit auffälligen Stuckarbeiten und wertvollen Bildern, 081 384 11 31
www.kath-lenzerheide.ch
Bademöglichkeiten
• Lenzerheide, Lido am Heidsee, gratis, Seestrasse, 081 385 11 20
• Thusis, Waldschwimmbad, Mai bis August, mit Spielplatz und Beachvolleyball, Pantumweg 7, 081 651 19 00
www.oadi-thusis.ch

Velofachgeschäfte
• Lenzerheide, Activ Sport Baselgia, Voa Sporz, 081 384 23 35
• Thusis, Viamala Sportwerkstatt, Schützenweg 1, 081 651 52 53
• Thusis, Banzer Sport, Neudorfstrasse 36, 081 651 20 38

E-Bike-Miete und Akkuwechsel
• Scharans, Stiftung Scalottas, 081 632 18 18
• Thusis, Hotel Weiss Kreuz, Neudorfstrasse 50, 081 650 08 50
• Thusis, Viamala Sportwerkstatt, Schützenweg 1, 081 651 52 53

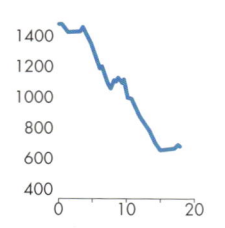

Tipp
Sich Zeit nehmen, um die Felsabstürze und die Aussicht zu bestaunen.

Eine abwechslungsreiche Rundtour durch die burgenreichste Gegend der Schweiz. Die malerische Landschaft mit Hecken und Obstbäumen sowie ein Badesee runden das E-Bike-Erlebnis perfekt ab.

12

Fast schon südlich
Rundtour zwischen Burgen und Rhein

mittel • Familienerlebnis

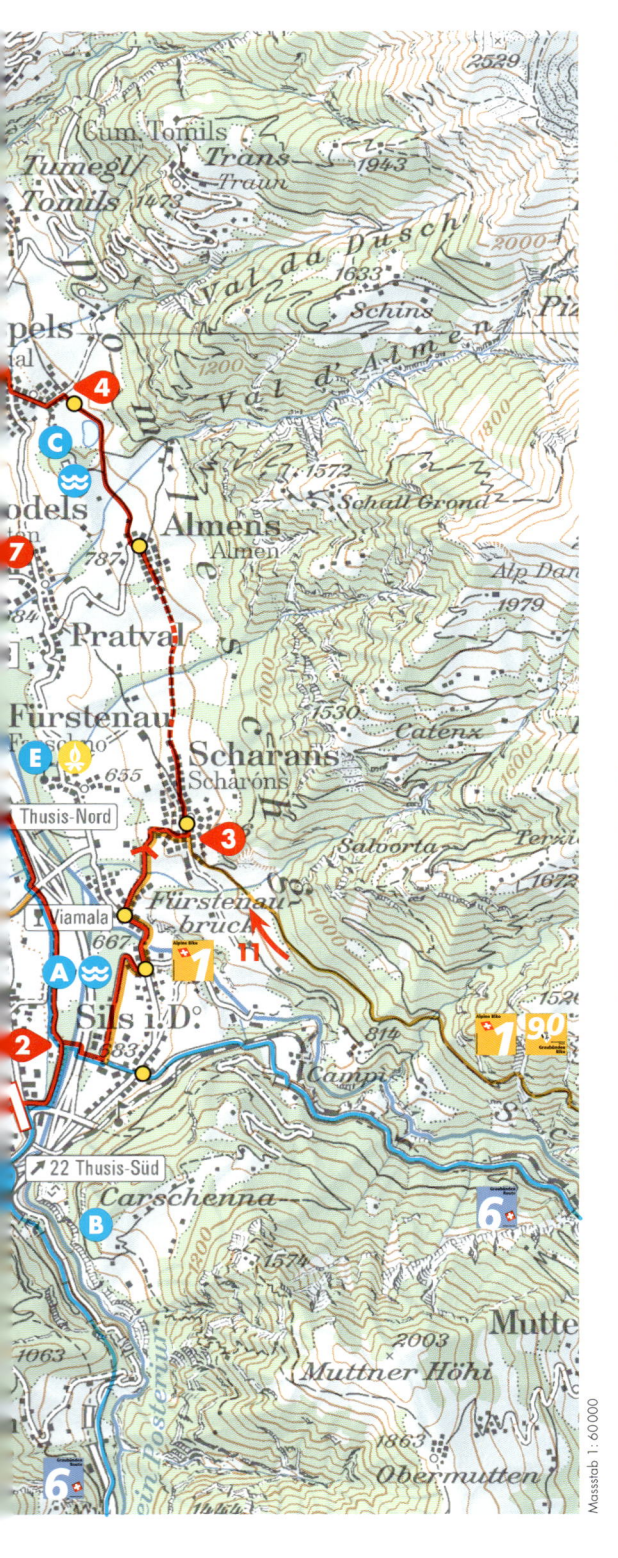

Kapelle St. Lorenz

Das genaue Alter dieser kleinen Kapelle ist nicht bekannt. Fest steht, dass sie bereits 1200 in Dokumenten erwähnt wurde und bei Restaurierungen 1957 alte Wandbilder von 1300 gefunden wurden. Durch die erhöhte Lage bietet sie dem Besucher einen grandiosen und einmaligen Ausblick über das Domleschg.

Spielplatz «Allee», Fürstenau

Versteckt im Wald und in der Nähe des Rheins liegt dieser grosszügige Spielplatz mit Kletterturm, Schaukel, einer grossen Spielwiese und einer Feuerstelle. Hier lässt sich die Pause geniessen.

Die Steinkirche in Cazis polarisiert durch ihre einmalige Architektur. Die organische Form bietet eindrückliche Aus- und Einblicke. Ein Besuch lohnt sich.

Massstab 1: 60000

Waldschwimmbad Thusis

Das grosse Waldschwimmbad in Thusis bietet für Gross und Klein zahlreiche Attraktionen. Neben verschiedenen Schwimmbecken mit Sprungbrettern gibt es auch ein Beachvolley-Feld, Restaurant, Slacklines, Billard und Spielplätze.

Burg Hohenrätien

Die Burg Hohenrätien wurde im 5./6. Jh. erbaut und galt bis ins 17. Jh. als wichtiges Machtzentrum. In den darauffolgenden Jahrhunderten wurde sie dem Zerfall preisgegeben, bis sich ab den 1970er-Jahren viele Freiwillige und die Öffentlichkeit um eine Restaurierung der Burg zu kümmern begannen. Heute kann sie besichtigt und gemietet werden.

Leg da Canova

Der Canovasee ist ein beliebtes Ausflugsziel und bietet jederzeit eine erfrischende Abkühlung und öffentliche Grillstellen.

Wegbeschreibung

1> Unter Bahnhof Thusis vor Tankstelle links, Route Nr. 6 folgen. **2>** Mountainbikeland-Route Nr. 1 bis Postplatz Scharans folgen. **3>** Wanderweg Almens/Canovasee folgen. **4>** Beim Schulhaus Paspels links auf Wanderweg Paspels. **5>** Bei PostAuto-Haltestelle «Mühle Tomils» links auf Wanderweg Paspels. **6>** Kurzer Anstieg. **7>** Rechts der Veloland-Route Nr. 6 bis Thusis folgen.

Variante

V1> Bei Schloss Sins Wanderweg Paradisla folgen, bei Kieswerk links, mit Kinderanhänger nicht möglich, Naturweg.

Streckeninformation
Rundtour Thusis–Almens–Paspels–Thusis
Länge: 19 km
Höhenmeter im Aufstieg: 275
Verkehr: Asphaltierte Strassen mit mässigem und wenig Verkehr, breite Kiesstrassen.

Kombination mit ÖV
Thusis: RhB Richtung Chur oder Filisur
Dörfer: PostAuto-Verbindungen Richtung Thusis oder Rhäzüns

Anbindung an Veloland
Thusis, Sils i.D., Tomils: Route Nr. 6

Verpflegung
• Thusis, Hotel Weiss Kreuz, Neudorfstrasse 50, 081 650 08 50
• Thusis, Waldschwimmbad, Pantumweg 7, 081 651 19 00
• Fürstenau, Schloss Schauenstein von Andreas Caminada, 19 Punkte im Gault-Millau, 081 632 10 80
• Paspels, Restaurant Triangel, Schlüssel für Kappelle St. Lorenz erhältlich, Hauptstrasse 9A, 081 650 10 00

Picknick
• Fürstenau, Feuerstelle beim Spielplatz «Allee»
• Rodels, Feuerstelle an Tour

Ausflugsziele
Burg Hohenrätien Wanderzeit ab Thusis 45 Minuten, 200 Hm, Führungen nach Anmeldung
www.hohenraetien.ch
Prähistorische Felszeichnungen Carschenna Wanderzeit 3½ h, 12 km und 600 Hm ab Thusis, saisonal bewanderbar, Gästeinfo Viamala, 081 650 90 30
www.viamala.ch
Viamala-Schlucht Saison April bis Oktober, Gästeinfo Viamala, 081 650 90 30
www.viamala.ch
Bademöglichkeiten
• Thusis, Waldschwimmbad, Saison ca. Mai bis August, Pantumweg 7, 081 651 19 00
www.badi-thusis.ch
• Paspels, Canovasee, Badeeinstieg, Grillstelle, Liegewiese, Saison ab Mai
www.canovasee.ch

Velofachgeschäfte
• Thusis, Banzer Sport, Neudorfstrasse 36, 081 651 20 38
• Pratval, Mittner 2-Rad-Technik, Domleschgerstrasse 3, 081 655 12 46

E-Bike-Miete und Akkuwechsel
• Thusis, Viamala Sportwerkstatt, Schützenweg 1, 081 651 52 53
• Thusis, Hotel Weiss Kreuz, nur Akku-wechsel, Neudorfstr. 50, 081 650 08 50

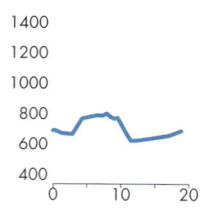

Tipp
Zwischen Almens und Paspels liegt die lehrreiche Veia da pumera (Apfelweg).

Aus der Kulturlandschaft des Domleschgs schlängelt sich diese Tour über den kurvenreichen Polenweg vorbei an landwirtschaftlichen und industriellen Produktionszentren in die Mini-Metropole Chur.

13
Domleschger Polenweg
Landwirtschaft und Wirtschaftsland

leicht • Familienerlebnis

Massstab 1:100000

Wegbeschreibung
1› Ab Bahnhof Thusis der Route Nr. 6 bis Chur folgen.

Varianten
V1› Nach Brücke hinauf ins Dorf Rodels, über Feldweg bergauf, Weg nach Paspels folgen, am Canovasee vorbei, über Paspels in Originaltour zurück.
V2› Wegweiser Richtung Reichenau Bahnhof folgen, über Rheinbrücke zum Dorfplatz Tamins hinauf, der Route Nr. 2 nach Chur folgen.

D Plankis
Der landwirtschaftliche Betrieb mit geschützten Arbeitsplätzen für Behinderte ist ein beliebtes Ausflugsziel. Die Kinder werden von den Kleintieren und dem Spielplatz angelockt, während sich die Eltern in der Cafeteria erholen.

Kathedrale Chur
In der ältesten Stadt der Schweiz lassen sich 3000 Jahre Siedlungsgeschichte erleben. Historische Ausgrabungsstätten, die 800 Jahre alte Kathedrale über der belebten Altstadt und die verwinkelten Gassen, historischen Gebäude und unzähligen Bars liegen friedlich nebeneinander.

A
Veia da Pumera
Einstündiger Themenweg zwischen Almens und Paspels zum Obstbau im Domleschg und seiner Kulturlandschaft. Das Obst wurde bis an den russischen Zarenhof exportiert.

Canovasee
Der malerische Badesee am Fuss des Burghügels von Canova lädt zu einer längeren Pause ein und spült die beginnende Müdigkeit wie von Zauberhand weg.

C
Kapelle Sogn Gieri
In der Kapelle aus dem Mittelalter beeindrucken neben den gänzlich mit Fresken bemalten Wänden auch die abgewetzten Kniebänke. Ein besinnlicher Ort am Rand der Rheinschlucht.

Die Schweizer Polenwege wurden im Zweiten Weltkrieg von internierten polnischen Soldaten angelegt, die vor den Nazis in die Schweiz geflohen waren.

Streckeninformation
Von Thusis nach Chur
Länge: 28 km
Höhenmeter im Aufstieg: 143
Verkehr: Meist Naturstrasse,
einige asphaltierte Strassen mit
sehr wenig Verkehr.

Kombination mit ÖV

Thusis: RhB nach Chur oder Filisur, PostAuto
nach Rothenbrunnen
Chur: SBB nach Zürich oder St. Gallen, RhB
nach Thusis oder Disentis

Anbindung an Veloland

Thusis: Route Nr. 6
Chur: Routen Nr. 2 und Nr. 6

Verpflegung

• Thusis, Hotel Weiss Kreuz,
Neudorfstrasse 50, 081 650 08 50
• Rothenbrunnen, Restaurant Central,
081 655 11 08
• Domat/Ems, Golfrestaurant Green 19,
Golfplatz, 081 633 34 33
• Chur, Gelateria Blue,
riesige Glaceauswahl, Casinoplatz 1,
081 252 17 00

Picknick

• Fürstenaubruck, Feuerstelle auf
Spielplatz «Allee», gegenüberliegende
Rheinseite
• Feuerstellen am Polenweg
• Domat/Ems, Feuerstelle und
Spielplatz, direkt an Tour

Ausflugsziele

Kleintierschau Plankis

In Chur, mit Cafeteria und Spielplatz,
Emserstrasse 36, 081 255 13 75
www.plankis.ch

Tier- und Freizeitpark Chur

Spielplatz für die Kleinen, Restaurant
für die Grossen, November bis März,
Pulvermühlestr. 79, 081 286 73 44
www.tierpark-chur.ch

Chur Graubündens Hauptstadt bietet
eine Vielzahl an Museen, Läden und
Cafés und die schweizweit höchste
Dichte an Bars, 081 252 18 18
www.churtourismus.ch

Bademöglichkeiten

• Thusis, Waldschwimmbad, mit Spiel-
und Sportplatz, Pantumweg 7,
081 651 19 00
www.badi-thusis.ch
• Paspels, Canovasee, Grillstelle,
Liegewiese, ab Mai
www.canovasee.ch
• Chur, Obere Au, Frei- und Hallenbad,
Grossbruggerweg 6, 081 254 42 88

Velofachgeschäfte

• Thusis, Viamala Sportwerkstatt,
Schützenweg 1, 081 651 52 53
• Domat/Ems, Bumi Sport,
Via Nova 69, 081 633 31 41

E-Bike-Miete und Akkuwechsel

• Thusis, Hotel Weiss Kreuz, nur Akku-
wechsel, Neudorfstr. 50, 081 650 08 50
• Chur, Arcas Tretmaschinen,
Jochstrassse 1, 081 252 01 76

Tipp
Wunderschön und
gratis: Der Blick
vom Polenweg
auf die Rheinauen.

Eine wunderbare Rundtour im mystisch anmutenden Wald des Flimser Bergsturzgebiets, mit Blick in die Rheinschlucht und zwei beschaulichen Seen zum Abkühlen und Erholen – ein traumhafter Ausflug!

14

Wo Elfen radeln würden

Der Märchenwald und die Seeperlen

mittel • Familienerlebnis

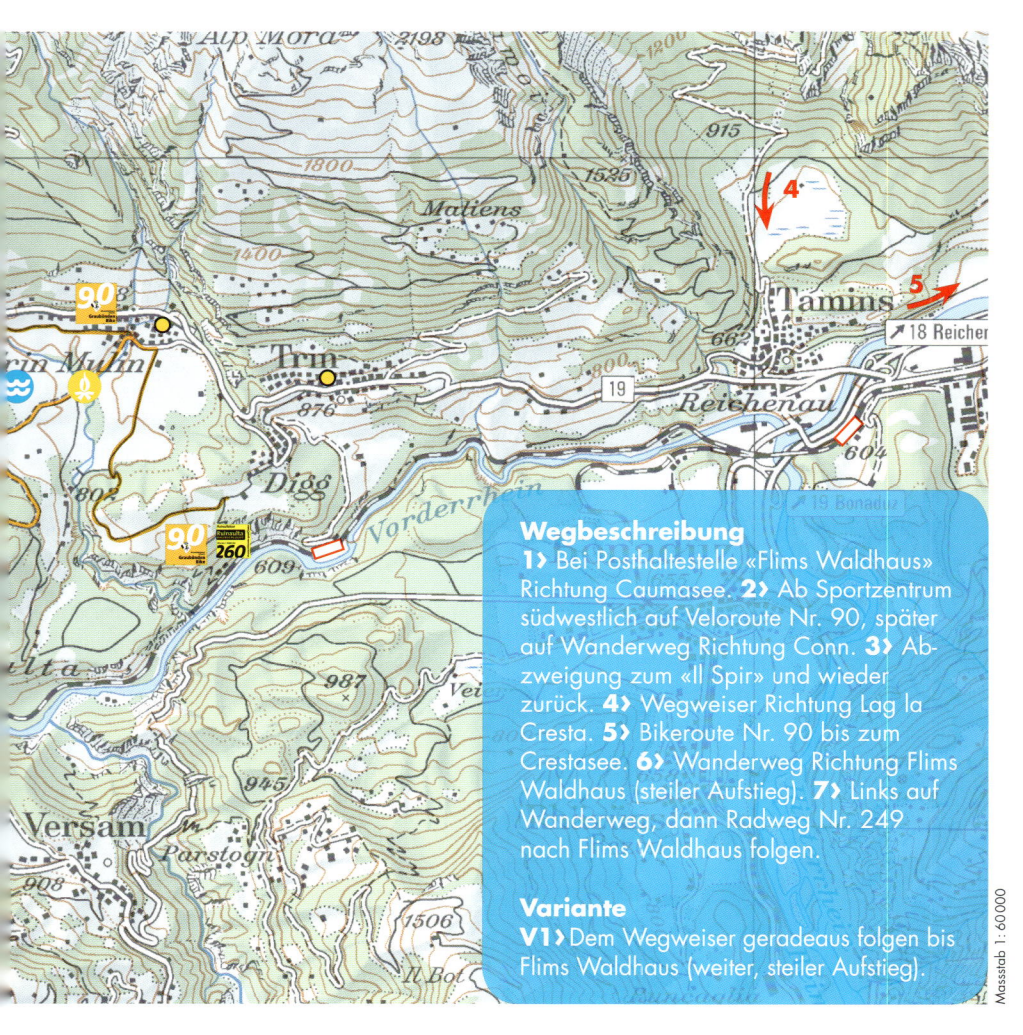

Wegbeschreibung

1› Bei Posthaltestelle «Flims Waldhaus» Richtung Caumasee. **2›** Ab Sportzentrum südwestlich auf Veloroute Nr. 90, später auf Wanderweg Richtung Conn. **3›** Abzweigung zum «Il Spir» und wieder zurück. **4›** Wegweiser Richtung Lag la Cresta. **5›** Bikeroute Nr. 90 bis zum Crestasee. **6›** Wanderweg Richtung Flims Waldhaus (steiler Aufstieg). **7›** Links auf Wanderweg, dann Radweg Nr. 249 nach Flims Waldhaus folgen.

Variante

V1› Dem Wegweiser geradeaus folgen bis Flims Waldhaus (weiter, steiler Aufstieg).

Massstab 1 : 60000

d Canyon;
beraubend
egen!

von so
lkert
e anstelle
r gejagt
der See
i noch immer
er das
mt. Einen
gibt es nicht.

Caumasee

Die «Perle von Flims» hat im 19. Jahrhundert Kranke angelockt, weil ihr Wasser als heilend galt.

1906 wurde die erste Badeanstalt für Erholungssuchende erbaut. Seither hat sich das Angebot stetig gewandelt und bietet heute alles für einen attraktiven Aufenthalt für Gross und Klein.

In der Halle der Freestyle Academy können wildeste Tricks auf Skateboard, BMX, Bike, Snowboard oder Skis geübt werden. Ein grosses schaumstoffgefülltes Becken garantiert eine weiche Landung.

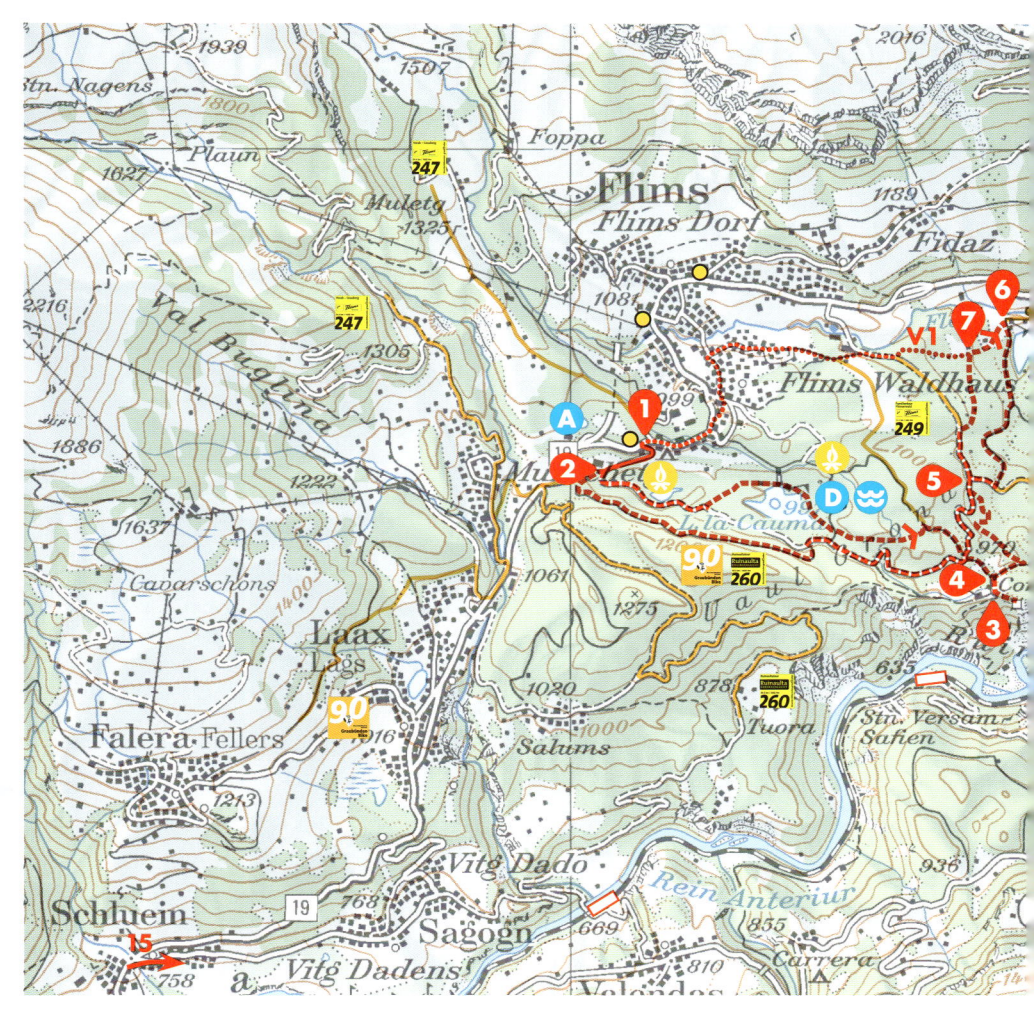

Hochseilpark

Wer noch etwas Nervenkitzel braucht, kann sich einen Adrenalinstoss im Hochseilpark von Flims mit diversen Touren in allen Schwierigkeitsstufen holen.

B

Il Spir

Die Aussichtsplattform («Mauersegler») in Conn der Architektin Corina Menn hoch über der Rheinschlucht ist die Antwort Graubündens auf

den Skywalk im faszinierend und zugleich – fast w

C

Crestasee

Einstmals soll de grossen Hechter gewesen sein, c von Angeln mit wurden. Heute den Badenden, nicht bekannt is Wasser des See oberirdischen Z

Streckeninformation
Rundtour ab Flims oder Trin Mulin
Länge: 18 km
Höhenmeter im Aufstieg: 387
Verkehr: Grösstenteils befestigte Forststrassen, bei gutem Wetter viele Wanderer im Flimserwald. Mit Anhänger anstrengend.

Kombination mit ÖV
Flims, Trin Mulin: PostAuto nach Chur und Laax (auch als Abkürzung der Tour geeignet)

Anbindung an Veloland
Keine

Verpflegung
• Flims, Caumasee, Restaurant und gemütliche Lounge, Mai bis Oktober, 081 911 24 57
• Conn, Ausflugsrestaurant Conn, Mai–Oktober, 081 911 12 31
• Trin, Gasthaus Crestasee, Mai bis Oktober, 081 911 11 27
• Trin Mulin, Ustria Parlatsch, Via Cava 35, 081 635 15 66
• Flims, Restaurant Sportzentrum Prau La Selva, 081 920 91 99

Picknick
• Caumasee und Crestasee
• Flims, beim Spielplatz Sportzentrum Flims
• Trin Mulin, Spielplatz in Punt Suraua

Ausflugsziele
Sternwarte Mirasteilas Öffentlich zugängliche Sternwarte in Falera, Führungen, offen jeweils nach dem Eindunkeln
www.sternwarte-mirasteilas.ch
Parc la Mutta Megalithische Kultstätte in Falera, 1600–1200 v.Chr.
www.parclamutta.falera.net
Runca-Trail Flims Mit der Sesselbahn nach Naraus, auf der Downhillpiste nach Flims zurück, Ausrüstung bei Boarderworld an der Talstation mietbar
www.boarderworld.ch, www.flims.com

Bademöglichkeiten
• Caumasee, an der Tour, Kiosk, WC
• Crestasee, an der Tour, Kiosk, WC
• Laax, Hallenbad mit Sauna, Rutschbahn, Via Grava, 081 921 46 10
• Laax, Strandbad am Lag Grond, Mai bis September, Kiosk

Velofachgeschäfte
• Flims, Bundi Sport, Via Nova 72, 081 911 33 90
• Flims, Boarderworld, bei Talstation, 081 927 70 77

E-Bike-Miete und Akkuwechsel
• Flims, Sport Beat, Via Nova 49, 081 911 33 21
• Conn, Ausflugsrestaurant Conn, nur Akkuwechsel, 081 911 12 31

Tipp
In Flims kann die Brauerei Surselva-Bräu mit ihrem Braui-Keller besucht werden.

Die Tour für Geniesser führt durch die Surselva, ihre Rheinauen und typischen Dörfer in die erste Stadt am Rhein. Eine Zusatzschlaufe ab Ilanz zur Isla Sut verspricht Mountainbike- und Rhein-Feeling pur.

15
Durch die Surselva
Der nicht so wilde Bündner Westen

mittel • Familienerlebnis

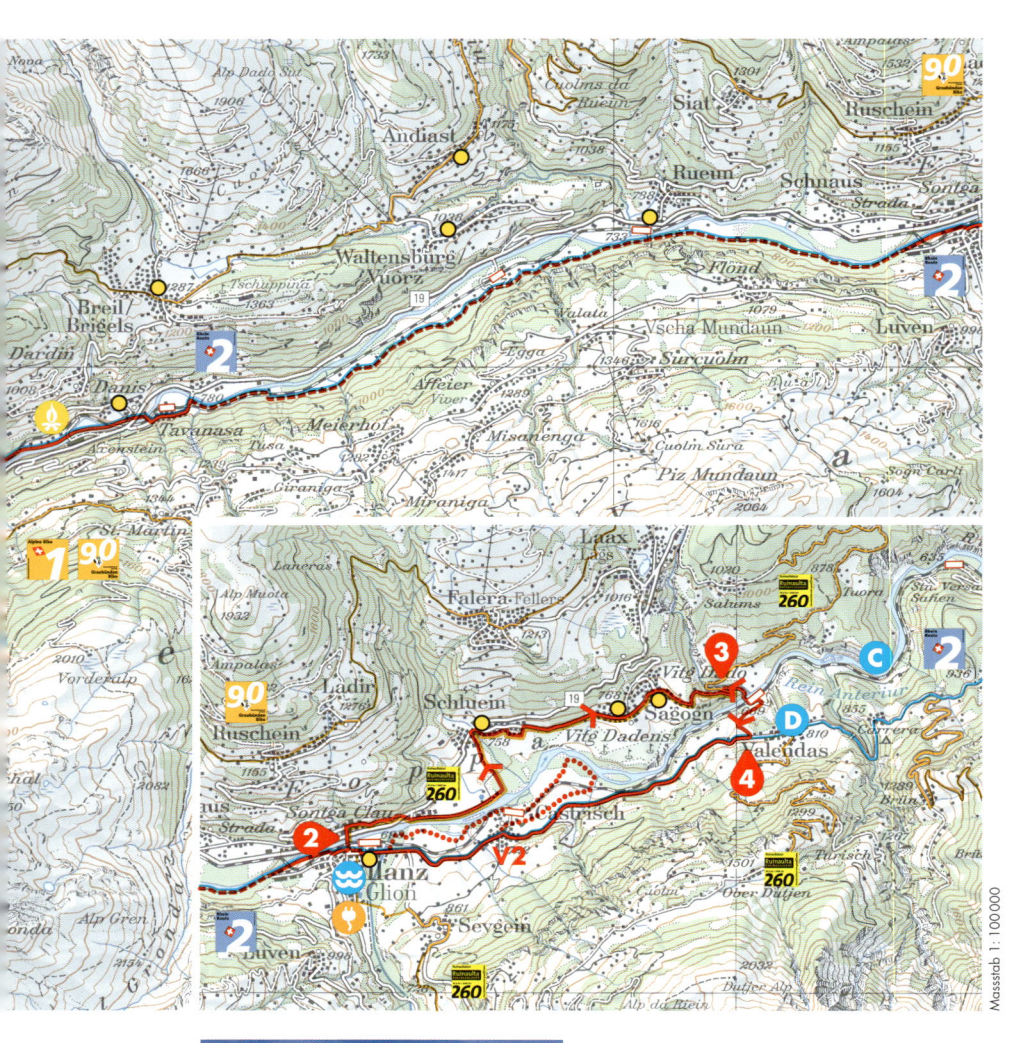

Massstab 1 : 100000

auf die
nderlichen
ussichtplatt-
In Trin
Hänge-

Holzbrunnen Valendas

Der grösste Holzbrunnen Europas, ursprünglich aus dem Jahr 1760, wurde 2011 nach 30 Jahren renoviert. Das Lärchenholz dafür wurde bei abnehmendem Mond geschlagen. Der Brunnen steht unter Denkmalschutz.

Surselva bedeutet «oberhalb des Waldes» und meinte den für die Landwirtschaft wertlosen Wald bei Flims. Dank diesem Umstand ist dieser noch heute intakt.

Wegbeschreibung

1› Vom Bahnhof Disentis der Route Nr. 2 bis Ilanz folgen. **2›** Kurz vor dem Bahnhof links über die Brücke auf die Route Nr. 260. **3›** Bei Haarnadelkurve auf Route Nr. 259 bis Valendas. **4›** Route Nr. 2 bis nach Ilanz folgen.

Varianten

V1› Unterhalb von Disentis der Mountainbikeland-Route Nr. 1 folgen, bis diese wieder in die Veloland-Route Nr. 2 mündet.
V2› Abstecher zum Rhein: In Castrisch rechts auf Route Nr. 258 abbiegen und die Schlaufe zur Isla Sut und anschliessend dem Rhein entlang nach Ilanz.

Kloster Disentis

Das 1300-jährige Kloster beherbergt nebst einem Gymnasium ein Museum, wo naturgeschichtliche Objekte und Zeugen aus der Abtei-Geschichte ausgestellt sind.

B

Sursilvan Cuort Ligia Grischa

Das Museum in Trun befindet sich in einem Patrizierhaus. Es umfasst Sammlungen zu Geschichte und Volkskultur. Den zwei berühmten einheimischen Künstlern Alois Carigiet und Matias Spescha ist je ein eigener Raum gewidmet.

C

Ruinaulta

Die Schlucht des Vorderrheins ist der Grand Canyon der Schweiz. Er kann teilweise durchwandert

werden. Einen Ti
Flussschlaufen ur
Felsformen biete
form bei Conn (F
Station führt eine
brücke über den

Streckeninformation
Von Disentis nach Ilanz, Zusatzschlaufe über Valendas
Länge: 33 km
Höhenmeter im Aufstieg: 150
Verkehr: Meist verkehrsarme Asphaltstrassen und Naturwege.
Zusatzschlaufe mit 17 km, 270 Hm.

Kombination mit ÖV
Disentis, Ilanz: RhB nach Chur oder Andermatt
Ilanz: PostAuto nach Flims und Chur

Anbindung an Veloland
Disentis und Ilanz: Route Nr. 2

Verpflegung
• Cavardiras, Restaurant Pign Padua, 081 936 41 70
• Tavanasa, Ustria Crusch Alva, Via prinzipala, 081 941 11 80
• Ilanz, Hotel Casutt, Glennerstrasse 18, 081 925 11 31
• Sagogn, Restaurant Cresta, Catschegn 6, 081 921 41 16
• Valendas, Restaurant am Brunnen, Am Platz 19, 081 921 69 35

Picknick
• Vor Cumpadials, Feuerstelle am Rhein, Spielplatz und Badesee
• Trun, «Schweizer Familie»-Feuerstelle, im Campingplatz
• Vor Tavanasa, am Rheinufer

Ausflugsziele
Kloster Disentis Klostermuseum, Juni bis Oktober; Dezember bis März, So geschlossen, 081 929 69 00
www.kloster-disentis.ch
Mineralienmuseum Cristallina
In der Turnhalle Cons in Disentis, Juni bis Oktober, jeden Di und erster So, 13.00–16.00, 081 947 59 44
www.uniun-cristallina.ch
Museum Sursilvan Cuort Ligia Grischa Museum in Patrizierhaus in Trun aus dem 17. Jh., April bis Oktober, Via Principala 90, 081 943 11 39
www.trun.ch
Bademöglichkeiten
• Cumpadials, am Badesee vor dem Dorf, direkt an der Tour
• Ilanz, Badi Fontanivas, Freibad mit Rutschbahn und Sprunganlagen, Mai bis Ende Saison, Paradiesgärtli, 081 925 25 14
www.ilanz.ch

Velofachgeschäfte
• Disentis, Menzli Sport, Via Alpsu 14, 081 947 55 83
• Disentis, Levy Moto-Cicletta GmbH, Lukmanierstrasse 20, 081 936 43 83

E-Bike-Miete und Akkuwechsel
• Disentis, Camping Fontanivas, Via Fontanivas 9, 081 947 44 22
• Ilanz, Menzli Sport, Center Mundaun, 081 920 08 80
• Disentis/Ilanz, Rent a Bike, jeweils beim Bahnhof

Tipp
Skulpturenweg am Veloweg: die «Senda d`art sper il Rein» bei Trun.

Der Lukmanier mit seiner kargen Passlandschaft ist noch spürbar nördlich geprägt. Auf der langen, kurvenreichen Fahrt hinunter ins Tessiner Bleniotal aber verfällt man immer mehr dem Charme des Südens.

16
Ab ins Tessin
Mal fremdgehen

schwer • Passerlebnis

C

Museo storico etnografico della Valle di Blenio

Das Museum der Kulturgeschichte des Bleniotales befindet sich in Lottigna im einstigen Gerichtsgebäude des Tals. Das Haus wurde 1968–1972 vollständig restauriert. Die Frontfassade trägt noch immer die Wappen der Urkantone Uri, Schwyz und Unterwalden, der Talschaft Blenio, der einstigen Landvögte im 16. und 17. Jahrhundert sowie eine Sonnenuhr.

D

Neat

Kurz vor Biasca verläuft die Tour cm Fusse der Neat-Aushub-Berge vorbei. Hier lagert das Ausbruchmaterial von 57 km Tunnel des südlichen Gotthardbasistunnels. Ende 2016 soll der Gottardbasistunnel, 2019 auch der Ceneri-Basistunnel in Betrieb genommen werden.

In Disentis wurde das grösste Goldnugget der Schweiz gefunden, was das Goldfieber neu angefacht hat. In speziellen Kursen kann jedermann sein Glück herausfordern.

A

Stausee Lukmanier

Seit dem Bau 1968 nutzen die Nordostschweizerischen Kraftwerke (NOK) das Wasser zur Stromerzeugung. Es treibt die nördlich gelegenen Turbinen der Werke Sedrun und Tavanasa an. Die maximale Staumauerhöhe beträgt satte 117 m, wobei sich die Krone auf 1912 m ü. M. befindet. Ein beeindruckendes Bauwerk!

B

Olivone

Der Ferienort Olivone, der hübsch am Fuss des pyramidenförmigen Sosto (2221 m) liegt, ist Ausgangspunkt für Ausflüge und Wanderungen ins ursprüngliche Val di Campo, zum Staudamm Luzzone und zur eindrücklichen Landschaft der Greina-Hochebene.

Wegbeschreibung
1› Vom Bahnhof der Route bis Biasca.

Variante
V1› Nach Lottigna: Beim F Stazione (Aquarossa) gera Hauptstrasse, links abbieg 400 m auf Hauptstrasse lin Richtung «Camping», beim den Berg hinauf, die Haup überqueren nach Lottigna. 20 Minuten.

Fortsetzung oben

Streckeninformation
Von Disentis über den Lukmanier nach Biasca
Länge: 60 km
Höhenmeter im Aufstieg: 994
Verkehr: Vollständig auf asphaltierten Strassen, Verkehrsdichte je nach Wochentag und Wetter; zum Teil schlecht beleuchtete Tunnels, mit Kinderanhänger nicht zu empfehlen.

Kombination mit ÖV
Disentis: RhB nach Chur oder Andermatt
Biasca: SBB nach Luzern oder Zürich;
PostAuto Disentis–Lukmanierpass–Biasca
(für Velotransport Reservation nötig)

Anbindung an Veloland
Disentis: Route Nr. 2
Biasca: Route Nr. 3

Verpflegung
- Curaglia, Hotel Scopi, Lukmanierstrasse, 081 936 44 88
- Lukmanierpass, Hospezi S. Maria, 081 947 51 34
- Casaccia, Rastplatz mit Picknickplätzen und zeitweise Getränkeverkauf
- Camperio, Ospizio Camperio, Lukmanierstrasse, 091 872 22 55
- Biasca, Ristorante della Posta, Via Bellinzona 8, 091 862 15 13

Ausflugsziele
Museo storico etnografico della Valle di Blenio Schönes kulturhistorisches Museum in Lottigna, offen von April bis November, Di bis So und Feiertage, 091 871 19 77
www.vallediblenio.ch/museodiblenio
Schokoladenmuseum in Dangio-Torre
Kleines Museum zur Schokoladenproduktion, die 1968 eingestellt wurde, c/o Cima Norme, Öffnung auf Anfrage, 079 331 76 18
Bademöglichkeit
Disentis, Natursee beim Camping Fontanivas am Vorderrhein, grosser Spielplatz, April bis September, 081 947 44 22
www.disentis-sedrun.ch

Velofachgeschäft
Disentis, Levy Moto-Ciclette GmbH, Lukmanierstrasse 20, 081 936 43 83

E-Bike-Miete und Akkuwechsel
- Bellinzona, Bahnhof SBB, 051 227 62 44
- Disentis, Bahnhof RhB, 081 288 43 44
- Disentis, Camping Fontanivas, Via Fontanivas 9, 081 947 44 22

Tipp
Bei Biasca einen Abstecher zu den Wasserfällen St. Petronilla machen.

Ein echter Alpencross! Mit dem Aufstieg zum Pass in den Waden fühlt sich die anschliessende gemütliche und mit 2000 Höhenmetern unglaublich lange Talfahrt sogar noch länger an.

17
Auf dem alten Säumerweg
Alpentransit Splügen–Bellinzona

schwer • Passerlebnis

Mini Racing Ticino e Moesa

Etwas Formel-1-Luft kann hier während einer Rast geschnuppert werden. Die Modellauto-Rennstrecke liegt wenig abseits der Tour, und fast immer trainieren hier die Grossen mit den kleinen Autos.

Bellinzona

Die Stadt galt einst als Schlüssel zu den Alpen und Tor nach Italien. Das ist noch heute spür- und sichtbar. Die Wehrmauer, die Burgen Castelgrande, Castello Montebello und Castello Sasso Corbaro, Plätze, Cafés und das südländische Ambiente versetzen jeden in Ferienstimmung.

Im Misox gibt es schöne, alte Edelkastanienwälder. Die Früchte dienten den Einheimischen über Jahrhunderte als Grundnahrungsmittel.

Wegbeschreibung

1› Ab Splügen Route Nr. 6 bis Bellinzona folgen. Achtung: Nach Pian San Giacomo kurz vor der Brücke die Abzweigung von der Hauptstrasse nach links nicht verpassen.

Massstab 1:200000

San-Bernardino-Pass

Die mystische Moorlandschaft mit den spiegelnden Wasseraugen und Gletscherschliffen fasziniert bei jedem Wetter.

Ponte Vittorio Emanuele

Pfusch gab es schon immer! So bereitete die Königsbrücke, erbaut 1819, der Bevölkerung und Ingenieuren über viele Jahre grosses Kopfzerbrechen. 1864 wurde die Strasse auf die Ponte Nef verlegt, 1869 stürzte die alte Brücke ein. Heute sind nur noch Bruchstücke sichtbar.

Lago Dosso

Der kleine Moorsee in San Bernardino Dorf bietet sich im Sommer auch zum Baden an. Wem die Temperaturen bis 20 °C zu tief sind, der kann sich auf dem Lago d'Isola mit dem Pedalo vergnügen.

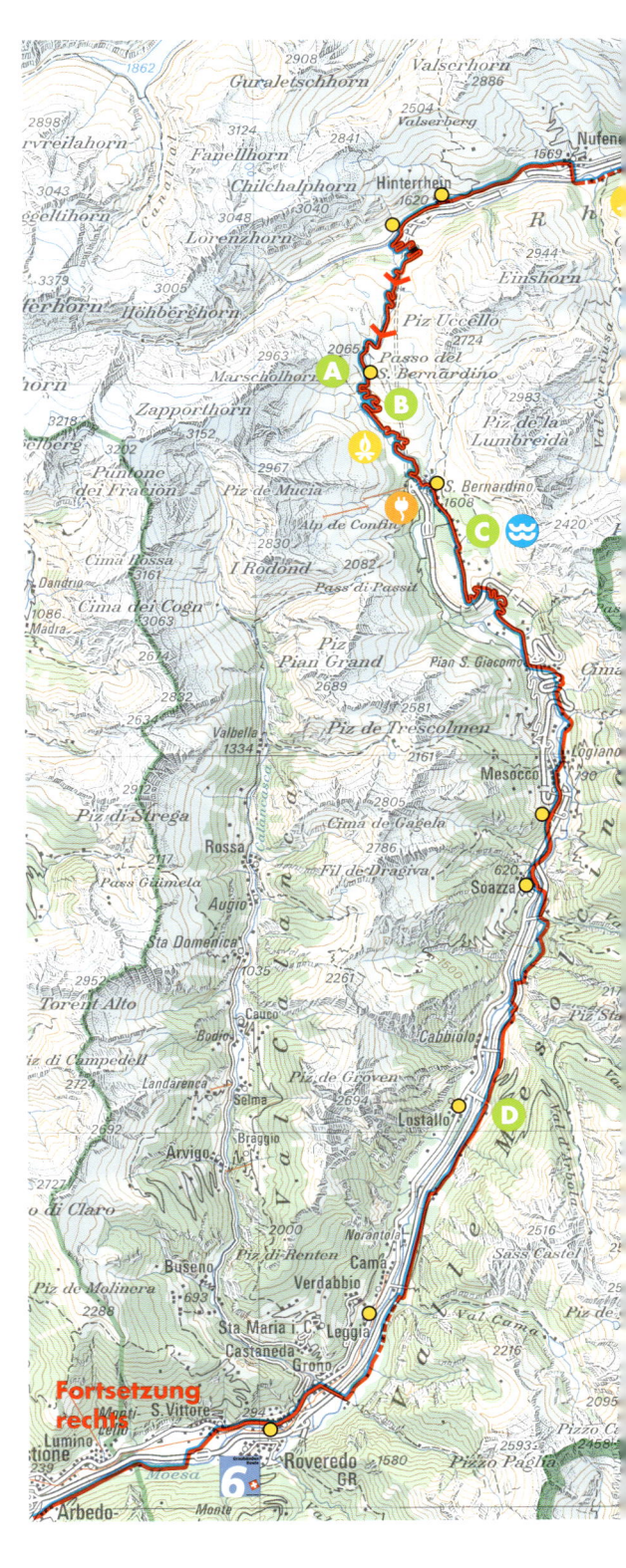

Fortsetzung rechts

Streckeninformation
Von Splügen über den Passo del San Bernardino nach Bellinzona
Länge: 77 km
Höhenmeter im Aufstieg: 840
Verkehr: Asphaltierte Strassen, am Pass höheres Verkehrsaufkommen, mit Kinderanhänger nicht empfehlenswert.

Kombination mit ÖV
Splügen: PostAuto nach Thusis und Chur oder Bellinzona, sowie nach San Bernardino Posta, um den Aufstieg auszulassen.
Bellinzona: SBB nach Zürich

Anbindung an Veloland
Arbedo bei Bellinzona: Route Nr. 3
Splügen und Bellinzona: Route Nr. 6

Verpflegung
• Nufenen, Volg Dorfladen, 081 664 12 10
• San-Bernardino-Pass, Hospiz, 091 832 11 16
• Pian San Giacomo, Pizzeria Moesa, 091 831 10 95
• Lumino, Grotto Bassa, Via Bassa di fuori, 091 829 34 36

Picknick
• Nufenen, Feuerstelle Schwarzwald, direkt an der Route
• San Bernardino, Feuerstelle Pont Nef, 1 km vor Dorfeingang, vor Brücke 150 m nach rechts
• Arbedo, Viale Moesa, Feuerstelle mit Spielplatz, direkt an der Tour

Ausflugsziele
Festungsmuseum Crestawald, Sufers Freie Besichtigung oder Führung, 081 650 90 30
www.festung-gr.ch
Seilpark San Bernardino Parcours bis 10 m Höhe, bei den Tennisplätzen, Juni bis September, 091 832 12 14
www.visit-sanbernardino.ch
Castello di Mesocco Ruine der Festung aus dem 13. Jahrhundert, frei zugänglich. Auch sehenswert: die Kapelle Santa Maria.
www.castellomesocco.ch

Bademöglichkeiten
• San Bernardino, Lagh de Pian Doss, Moorsee etwas südlich des Dorfes, in Nähe der Tour
• Bellinzona, Freibad, Via Mirasole 20, 091 825 73 34
• Locarno, Lido mit Aussen- und Innenbad, viele Rutschen und erster Looping der Schweiz, Via Respini 11, 091 759 90 00
www.lidolocarno.ch

Velofachgeschäfte
• San Bernardino, Lumbreida Sport, 091 832 15 67
• Bellinzona, Dream Bikes, Via del Bosco 1, 091 825 00 90

Akkuwechsel
• Splügen, Splügen Sport, Erlaweg 132 c, 081 664 19 19
• San Bernardino, Hotel Bellevue, 091 832 11 26

Tipp
Im Fluss Moesa kann man schlecht schwimmen, aber gut die Füsse baden.

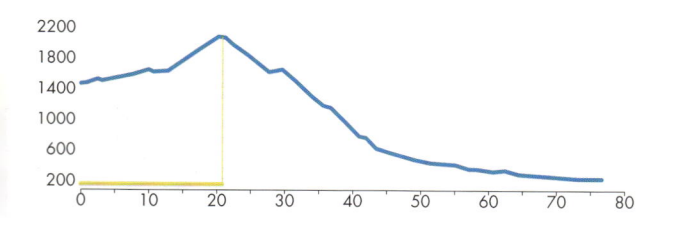

Vom weiten Hochtal des Avers schwingt sich die alte Averserstrasse über zahlreiche Brücken durch das enge Val Ferrera und hinaus ins üppig grüne Schams. Auf diese Abfahrt kann man abfahren!

18
Averser Talfahrt
Vom Bergbach zur Mineralquelle

mittel • Passerlebnis

Wegbeschreibung

1› Von Juf talwärts der Strasse folgen. **2›** 500 m nach Cresta links auf den Wanderweg auf der alten Averserstrasse oder der Talstrasse über die Letzibrücke folgen. **3›** Nach der Letzibrücke zurück auf die Talstrasse. **4›** 200 m vor Tunnel rechts Wanderweg auf alter Averserstrasse oder Strasse durch Tunnels folgen. **5›** Strasse rechts durch Innerferrera hindurch folgen. **6›** Bei Kraftwerkszentrale links über die Rheinbrücke, auf linker Flussseite Fahrweg bis Feuerstelle und Hängebrücke folgen oder auf Strasse bleiben. **7›** Unter Autostrasse hindurch und kurz vor dem Hotel Rofflaschlucht rechts auf Route Nr. 6 einbiegen, dieser bis Dorfzentrum Andeer folgen.

Variante

V1› Bei Abzweigung Valle di Lei links, 250 Hm und 2,7 km hoch und durch einen 1 km langen Tunnel an den Lago di Lei.

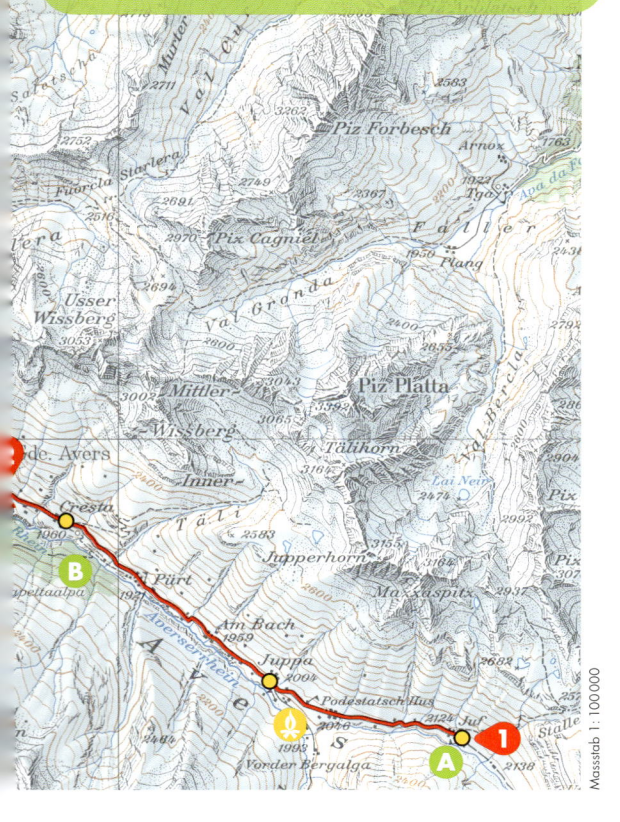

Valle di Lei

Unter dem Betonviadukt der Talstrasse und der Steinbrücke der alten Averserstrasse stösst die einzige in die Nordsee entwässernde italienische Talschaft auf den Avner Rhein. Hier steht man nicht nur an der Landes-, sondern auch an der italienisch-rätoromanisch-walserdeutschen Sprachgrenze.

Rofflaschlucht

Inspiriert durch die Niagarafälle, meisselte und sprengte sich Christian Pitschen Melchior hinter seinem Hotel einen Fussweg bis unter einen Wasserfall des Rheins. So kann man noch 100 Jahre später dem Rhein auf den Grund gehen.

Andeer

Bekannt durch das Mineralbad, den grünen Andeerer Granit und jüngst durch einen mehrfach ausgezeichneten Bio-Käse der örtlichen Sennerei. Das intakte Ortsbild lädt zu einem Spaziergang ein.

Massstab 1: 100000

Juf

Auf 2126 m ü. M liegt die höchstgelegene ganzjährig bewohnte
Siedlung Europas. Dank seiner
Abgeschiedenheit ist das Avers
vor Kriegszügen verschont und mit
seiner kulturhistorisch wertvollen
Bausubstanz und Siedlungsstruktur
erhalten geblieben.

Kirche Edelweiss

Die reformierte Kirche bei Cresta
steht an einzigartiger Lage und
ist der einzige Sakralbau der
Talschaft.

**Heizen wie im Mittelalter!
Über der Baumgrenze ist
Holz ein rares Gut. Deshalb
werden noch immer
Kuhmist-Briketts benutzt,
die vor den Ställen lagern.**

Streckeninformation
Von Juf nach Andeer
Länge: 28 km
Höhenmeter im Aufstieg: 130
Verkehr: Asphaltierte Talstrasse mit mässig Verkehr, unbefestigte Fahrwege. Licht für Tunnels mitbringen.

Kombination mit ÖV
Juf: PostAuto nach Andeer
Andeer: PostAuto nach Thusis oder Bellinzona

Anbindung an Veloland
Andeer: Route Nr. 6

Verpflegung
• Juf, Pension Edelweiss, 081 667 11 34
• Juppa, Restaurant Bergalga, mitten in der Heuwiese, 081 667 11 68
• Innerferrera, Gasthaus Alpenrose, 081 667 12 13
• Andeer, Hotel Restaurant Post, im alten Dorfkern, 081 661 11 26
Picknick
• Juppa, Feuerstelle und Spielplatz beim Skiparkplatz
• Innerferrera, Feuerstelle am Rhein nach dem Dorf

Ausflugsziele
Boulderpark Magic Wood
Einzigartiges Bouldergebiet (Felsblockklettern), bei Ausserferrera
www.viamala.ch
Murmeltierweg 3 km langer Erlebnis- und Lehrpfad, Juppa
www.viamala.ch
Staumauer Valle di Lei 141 m hohe Staumauer auf Schweizer Boden im italienischen Valle di Lei.
Rofflaschlucht Felsenweg zum Wasserfall und Museum über dessen Entstehung, Hotel Rofflaschlucht, 081 661 11 97
www.rofflaschlucht.ch
Bademöglichkeiten
• Andeer, Mineralbad aquandeer, 34 Grad warmes Innen- und Aussenbecken, 081 661 18 78
www.mineralbadandeer.ch
• Andeer, Freibad, Juni bis August bei schönem Wetter, täglich, 081 661 17 58

Velofachgeschäfte
Entlang der Tour gibt es keine Velofachgeschäfte
• Thusis, Viamala Sportwerkstatt, Schützenweg 1, 081 651 52 53
• Splügen, Splügen Sport, Erlaweg 132 c, auch E-Bike-Miete, 081 664 19 19

Akkuwechsel
Rofflaschlucht, Hotel Rofflaschlucht, 081 661 11 97

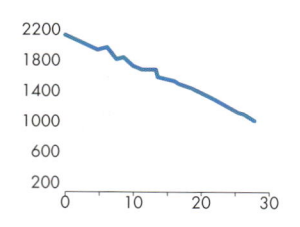

Tipp
Im Bergbaumuseum Innerferrera erfährt man alles über den Erzabbau im Tal.

Eine abwechslungsreiche Rundtour mit Aussicht rund ums Surses, wo einst der Bündner Freiheitsheld Benedikt Fontana wirkte. Steigungen und Abfahrten wechseln sich ab. Für Erfrischung sorgt der Badesee Lai Barnagn.

19
Heldentour
Rund ums weite Hochtal von Savognin

mittel • Bikeerlebnis

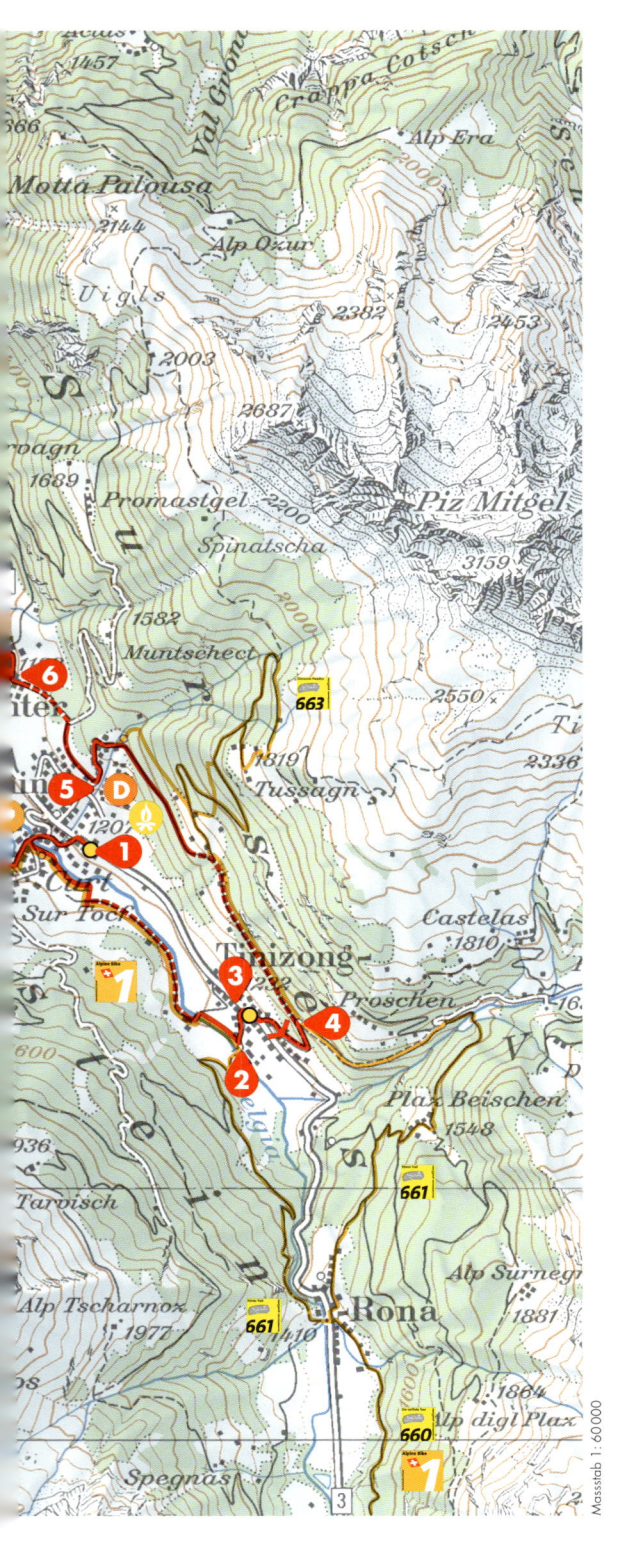

Massstab 1: 60 000

Badesee Lai Barnagn

In Savognin liegt der glasklare Badesee Lai Barnagn. Neben Grill, Spielgeräten, Wassertrampolins und einem Floss für die Kleinen stehen auch Beachvolleyball-Felder, Slacklines, Pedalos und eine Minigolfanlage für die Grossen bereit.

Museum Regiunal in Savognin

Das Museum im Haus zur «Curt» bietet mit wechselnden Ausstellungen eindrückliche Einblicke in die Vergangenheit. Das alte Bauernhaus selber stammt aus den Zeiten der Reformation und der Pest.

Am Fluss können aufmerksame Beobachter Amphibien und Wildtiere in natürlicher Umgebung erleben.

A
Burg Riom

In der Burg Riom, einer bald 800-jährigen Festung, ist im Sommer 2006 das erste professionelle Theaterhaus der rätoromanischen Kulturgeschichte eröffnet worden. Die Theaterinfrastruktur ist in die denkmalgeschützte Substanz eingefügt und bietet 220 Zuschauern Platz. Entstanden ist einer der eigenwilligsten Theaterräume der Alpen.

B
Origen Festival Cultural

Die Kulturinstitution Origen realisiert das alljährliche Origen Festival Cultural, das den Sommer über im ganzen Kanton Graubünden auftritt. Sie widmet sich vor allem der Förderung und Produktion von neuen, professionellen Musiktheatern. Ihr Heimtheater ist die Burg Riom.

Wegbeschreibung

1› Von der Post zur Veia Caross, dann der Bikeroute Nr. 661 folgen bis nach dem EWZ bei Tinizong. **2›** Wegweiser «Tinizong PTT» folgen. **3›** Rechts einige Meter auf der Hauptstrasse, links auf dem Wanderweg Richtung Val d'Err. **4›** Links auf der Bikeroute Nr. 661 nach Savognin zurück. **5›** Wegweiser rechts nach Cunter folgen. **6›** Wegweiser Richtung Salouf, dann rechts in Industrie Gravas, auf der rechten Flussseite bis Burvagn. **7›** Nach Staudamm Richtung Salouf, später der Route Nr. 657 folgen. **8›** In Parsonz auf der Route Nr. 655 nach Riom. **9›** In Riom dem Weg nach Savognin folgen.

Variante

V1› Auf der Hauptstrasse bis Salouf, um den ruppigen Wanderweg über Burvagn auszulassen.

Streckeninformation
Rundtour Savognin–Tinizong–Salouf–Savognin
Länge: 22 km
Höhenmeter im Aufstieg: 680
Verkehr: Verkehrsarme Asphalt- und Naturstrassen, einzelne Singletrails.

Kombination mit ÖV
Savognin: PostAuto nach Tiefencastel oder Bivio
Abkürzung: in den Dörfern PostAuto zurück nach Savognin

Anbindung an Veloland
Keine

Verpflegung
• Tinizong, Hotel Restaurant Piz d'Err, Julierstrasse, 081 648 11 88
• Cunter, Hotel Restaurant Post, Julierstrasse 6, 081 637 14 60
• Salouf, Gasthaus Alpina, 081 648 26 04
• Riom, Restaurant Taratsch, 081 648 12 69,

Picknick
• Savognin-Laresch, «Schweizer Familie»-Feuerstelle mit Spielplatz und WC, direkt an der Tour
• Savognin, Badesee Lai Barnagn, Feuerstelle und WC

Ausflugsziele
Handy-Safari Parcours mit Fragen, die per SMS zum Ziel führen, für Kinder und Jugendliche, 2 Stunden, Savognin Tourismus, 081 659 16 16
www.savognin.ch
Waldseilpark Tigignas Parcours mit vier Schwierigkeitsgraden, Zeitaufwand 2–3 Stunden, bei Bergstation Tigignas ob Savognin, 081 659 17 17
Museum Regiunal Savognin
Veia Sot Tga 9, 081 684 23 20
www.museumsavognin.ch
Kletterhalle Im Hotel Cresta in Savognin, Klettergurte und Sicherungsmaterial vorhanden, 081 684 17 55
Bademöglichkeit
Savognin, Badesee Lai Barnagn, bei der Talstation, Veia Barnagn
www.savognin-gr.ch

Velofachgeschäft
Savognin, Bananas Sport Shop, Naloz 4, 081 637 11 00

E-Bike-Miete und Akkuwechsel
Savognin, NTC Sport, Veia Sandeilas 14, 081 659 17 17

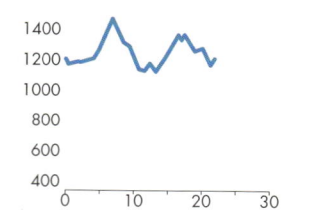

Tipp
Die Gästekarte Ela Card bietet zahlreiche Vergünstigungen in der Region.

Zuerst rauf, dann aber richtig runter: Die Abfahrt vom Albula nach Norden, auf der Strecke der Schlittelbahn und entlang der Unesco-Welterbe-Bahnstrecke, entschädigt für jeden einzelnen Tritt im Aufstieg.

20
Atemlos am Albula
Vom Engadin ins bahntastische Albulatal

mittel • Passerlebnis

Massstab 1 : 100 000

Felswände unten und oben, links und rechts – ein Halt an einer geeigneten Stelle auf der Strasse, die ebenso eng ist wie die Schlucht, lohnt sich (Vorsicht: Verkehr!).

D «Bellaluna»

Das ehemalige Direktionshaus stammt aus der Zeit des Bergbaus im 17. Jh. und hat seit damals viel miterlebt. Vor mehr als 20 Jahren wurde die Wirtin des Bellaluna, Paula Roth, zum Opfer eines Raubmordes. Im Film «Bal a lüna» von Kuno Bont wurde das Leben der Aussenseiterin dokumentiert. Heute strahlt das unter Denkmalschutz stehende Bellaluna in neuem Glanz und bewirtet Gäste in der Bar, im Restaurant und dem Hotel mit kulturellen Anlässen.

Auf der Passhöhe rollt man über eine europäische Wasserscheide: Die Südseite entwässert über Inn und Donau ins Schwarze Meer, die Nordseite über Albula und Rhein in die Nordsee.

hat sich die
ruckende
t. Senkrechte

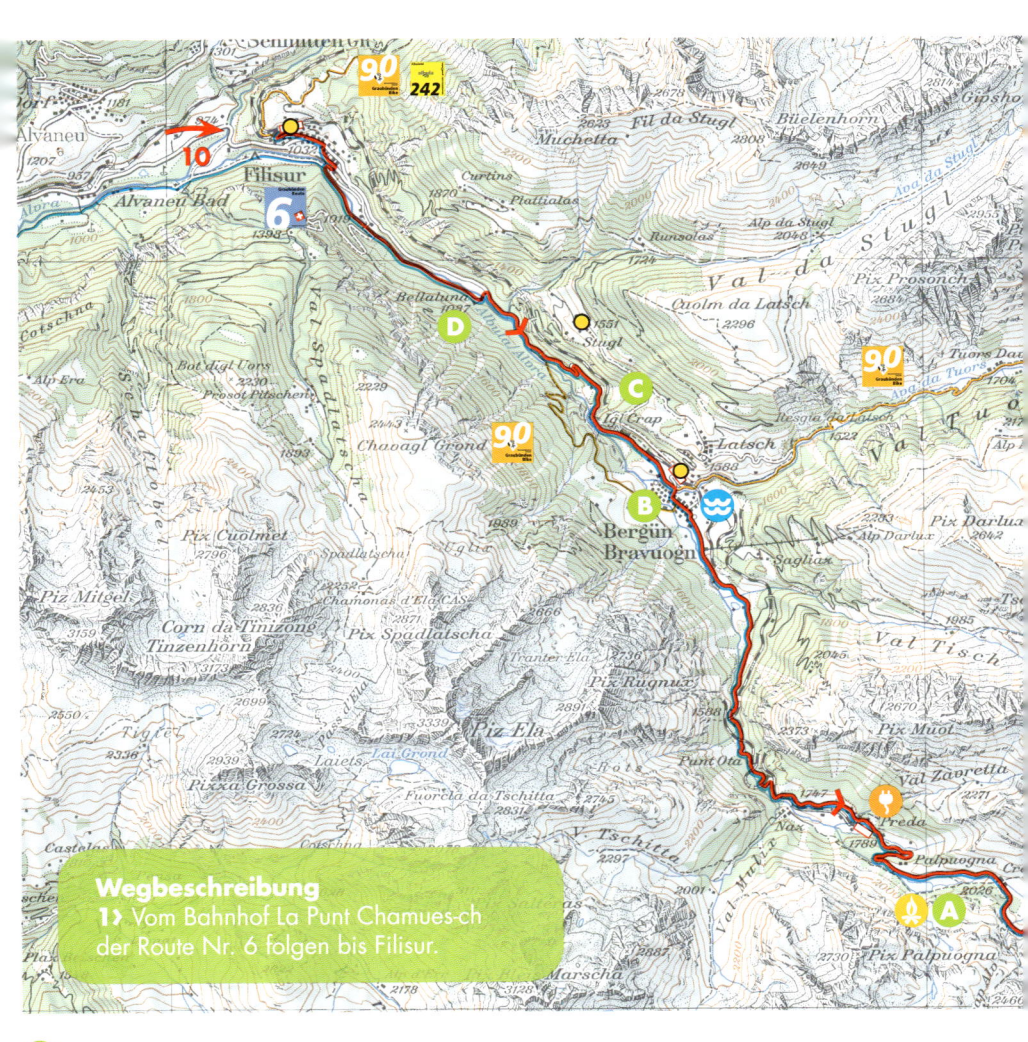

Wegbeschreibung
1› Vom Bahnhof La Punt Chamues-ch
der Route Nr. 6 folgen bis Filisur.

A
Palpuognasee

Das klare, blaugrüne Wasser des
wunderschön gelegenen und einst

natürlichen Sees wird schon seit
1898 zur Stromgewinnung genutzt.
Damals entstand das Werk, um
Strom für den Albulatunnel zu ge-
winnen. Heute bietet er zusätzlich
etliche Picknick- und Grillplätze.

B
Bahnmuseum

Ein Muss für jeden Bahnfreak.
Das Museum zur Unesco-
Welterbe-Strecke liegt direkt
beim Bahnhof des malerischen
und gut erhaltenen Dorfkerns
von Bergün.

C
Albulaschluch

Unterhalb von B
Albula auf eine
Tiefe in den Fels

Streckeninformation
Von La Punt über den Albulapass nach Filisur
Länge: 35 km
Höhenmeter im Aufstieg: 720
Verkehr: An schönen Wochenenden viel Ausflugsverkehr. Durchgehend asphaltierte Strasse, mit Kinderanhänger nicht empfohlen.

Kombination mit ÖV
La Punt Chamues-ch: RhB nach Scuol-Tarasp und St. Moritz
Filisur: RhB nach Chur, Davos oder St. Moritz
Abkürzung der Steigung: mit RhB von La Punt Chamues-ch über Samedan nach Preda oder von Filisur nach Preda

Anbindung an Veloland
La Punt, Filisur: Routen Nr. 6, 65

Verpflegung
• La Punt Chamues-ch, Gasthaus Krone, Via Cumünela 2, 081 854 12 69
• Passhöhe, Albula Hospiz, Natel 079 243 21 47
• Bergün, Hotel Weisses Kreuz, Plaz 72, 081 407 11 61, www.weisseskreuz-berguen.ch
• Bever, Romantikhotel Chesa Salis, Fuschigna 2, 081 851 16 16
• Filisur, Hotel Restaurant Schöntal, Bahnhofstr. 5, 081 404 21 72
Picknick
Lai da Palpuogna, Picknickplätze/ Feuerstellen rund um den See

Ausflugsziele
Bahnlehrpfad Spektakulärer Themenweg zwischen Preda und Bergün, mit Infotafeln und Beobachtungsstationen, 2½ Stunden ab Bahnhof Preda
www.berguen-filisur.ch
Bahnmuseum Am Bahnhof Bergün im alten Zeughaus, offen 10–17 Uhr, Montag geschlossen
www.bahnmuseum-albula.ch
Ortsmuseum Bergün Anschauliche Darstellung des Alltags im Bergün vergangener Jahrhunderte, mit Modelleisenbahn Bergün–Preda, Juni bis Oktober, Hauptstr. 113A, 081 407 11 52
Bergün und Filisur Mit ihren behäbigen, reich verzierten Häusern und gepflästerten Strassen gehören sie zu den am besten erhaltenen Dörfern im oberen Albulatal.
www.berguen-filisur.ch
Bademöglichkeiten
• Bergün, Freibad, Chavagliet, 081 407 11 52
• Palouogna, Palpuognasee für die Tapferen

Velofachgeschäft
Bergün, Mark Sport, Hauptstrasse 106, 081 407 11 65

E-Bike-Miete und Akkuwechsel
• Preda, Hotel Kulm, nur Akkuwechsel, 081 407 11 46
• Bever, Romantikhotel Chesa Salis, Fuschigna 2, 081 851 16 16

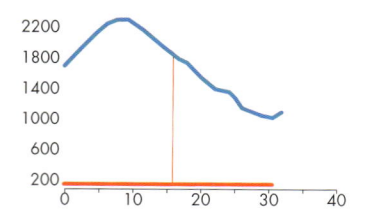

Tipp
Feine hausgemachte Kuchen gibt es im Bahnhofbuffet Filisur mit gemütlicher Laube.

Die abwechslungsreiche Tour entlang den Oberengadiner Seen mit den Elementen Wasser, Wald, Berge und Sonne garantiert ein grossartiges Naturerlebnis. Für Körper, Geist und Seele.

21
Oberengadiner Seen
Velosophie mit Nietzsche und Co.

leicht • Familienerlebnis

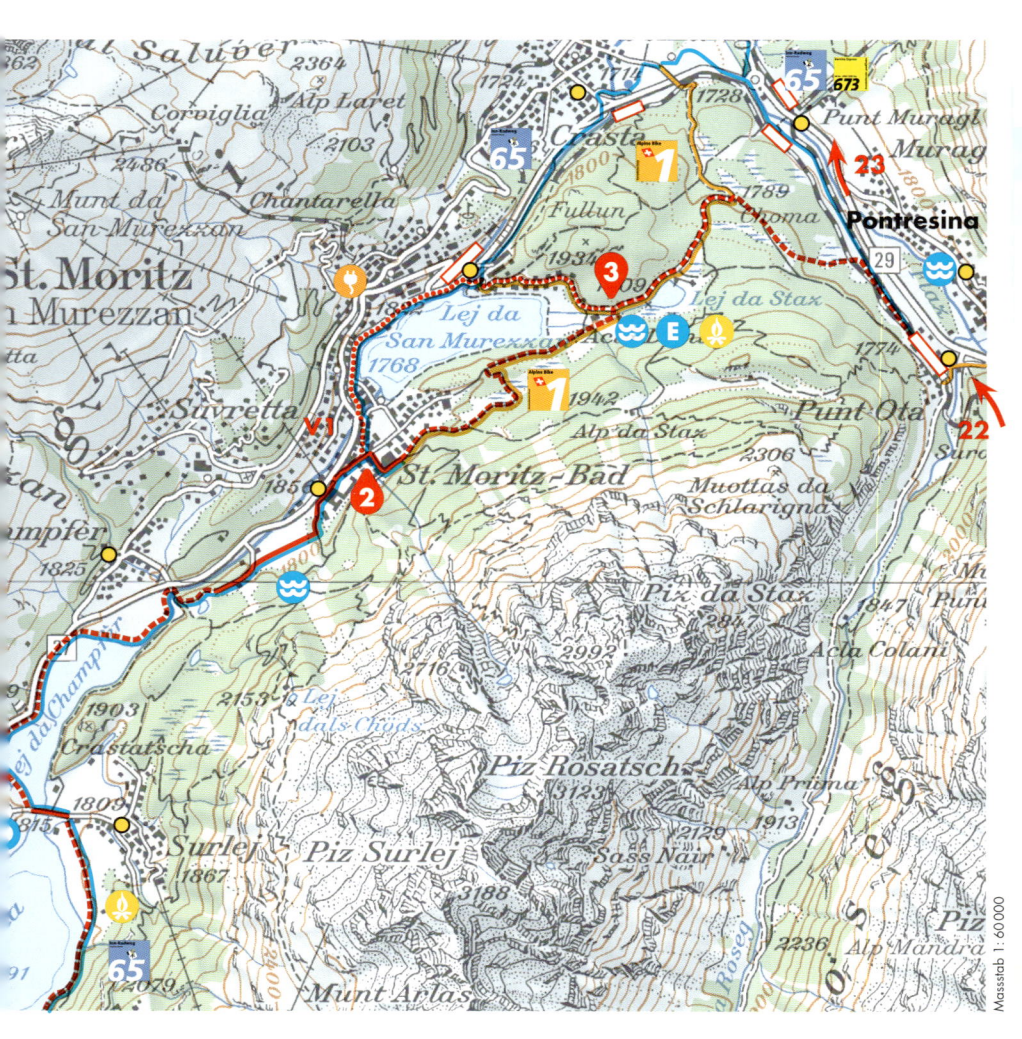

Massstab 1: 60000

chenfahrt
die sonnen-
t des Fextals
ofreie Tal auf
erleben.

hrieb seine
hier. Neben
gibt es die
Kirchen von
selgia zu

Kitesurfen am Silvaplanersee
Silvaplana ist ein Mekka für Kite-
und Windsurfer aus ganz Europa.
Bei starkem Wind lassen sich
waghalsige Kunststücke beobachten oder gar selber versuchen.

Lej da Staz
Der wunderschöne Badesee bietet
an heissen Tagen eine Abkühlung
und lädt zur Rast ein. Er liegt
mitten in einer weiten Lichtung
des Stazerwaldes.

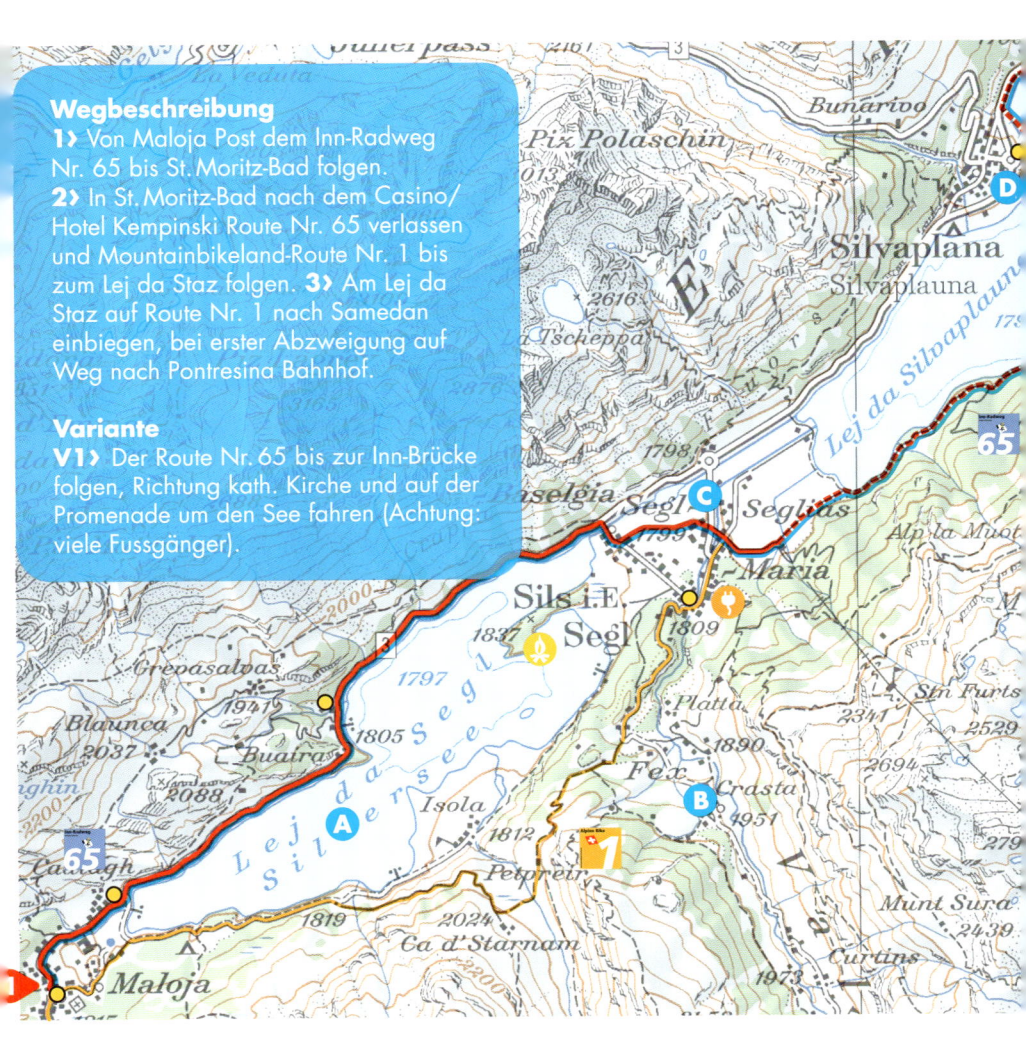

Wegbeschreibung
1› Von Maloja Post dem Inn-Radweg Nr. 65 bis St. Moritz-Bad folgen.
2› In St. Moritz-Bad nach dem Casino/ Hotel Kempinski Route Nr. 65 verlassen und Mountainbikeland-Route Nr. 1 bis zum Lej da Staz folgen. 3› Am Lej da Staz auf Route Nr. 1 nach Samedan einbiegen, bei erster Abzweigung auf Weg nach Pontresina Bahnhof.

Variante
V1› Der Route Nr. 65 bis zur Inn-Brücke folgen, Richtung kath. Kirche und auf der Promenade um den See fahren (Achtung: viele Fussgänger).

Kursschiff Silsersee
Eindrücklich geniessen lässt sich die Bergkulisse auf der Fahrt mit Europas höchstgelegener Kursschifflinie zwischen Sils und Maloja. Seit über hundert Jahren werden Gäste auf 1800 m ü. M. über den See chauffiert.

Der Maler Giovanni Segantini liess sich für viele seiner Werke vom einmaligen Licht, den Landschaften und den Bewohnern des Oberengadins inspirieren.

Romantische
Eine Kutschenfa durchflutete Lan lässt einen diese ungewöhnliche

Sils
Friedrich Nietzs bedeutendsten dem Nietzsche-denkmalgeschü Sils-Maria und bewundern.

Streckeninformation
Von Maloja nach Pontresina
Länge: 26 km
Höhenmeter im Aufstieg: 205
Verkehr: Meist Kiesstrassen.
Hauptstrasse Maloja–Sils Baselgia
häufig mit starkem Verkehr.

Kombination mit ÖV
Maloja: PostAuto nach St. Moritz
oder Chiavenna (reservationspflichtig)
St. Moritz: RhB nach Tirano oder Chur
Pontresina: RhB nach Scuol
Dörfer: Engadin Bus nach St. Moritz

Anbindung an Veloland
Keine

Verpflegung
• Sils Maria, Beach Club, Via Riva
d'Lej 4, 081 826 57 86
• Silvaplana, Sportzentrum Mulets,
grosser Kinderspielplatz, 081 828 97 67
• St. Moritz, Hotel Laudinella,
Via Tegiatscha 17, 081 836 00 00
• Pontresina, Sportpavillon,
Via Maistra 62, 081 842 63 49
Picknick
• Sils i.E., Feuerstellen auf der Halb-
insel Chastè
• Silvaplana, Feuerstelle am See, direkt
an Veloroute
• Celerina, Feuerstellen am Lej da Staz

Ausflugsziele
Gletschertöpfe Europas grösste
Ansammlung, Rundweg ab Maloja
1 Stunde, 081 824 31 88
www.engadin.stmoritz.ch/maloja
Minigolf Anlage in Zentrum
St. Moritz-Bad, 081 833 44 56
Engadiner Museum in St. Moritz
Historischer Einblick in die Engadiner
Lebensweise, 081 833 43 33
www.engadiner-museum.ch
Hochseilgarten Via Maistra 16 in
Pontresina, 079 269 24 64
www.hochseilgarten-pontresina.ch
Bademöglichkeiten
• St. Moritz, Moorsee Lej Marsch,
081 837 33 33
• Celerina, Lej da Staz, 081 830 00 11
• Pontresina, Bellavita, Hallen- und
Aussenbad, Via Maistra,
081 837 00 37
www.pontresina-bellavita.ch

Velofachgeschäfte
• St. Moritz, Viva-Sportiva, Via Rosatsch 10,
081 832 19 19
• Celerina, Alpine-Bike Engadin,
Via Maistra 58, 081 833 05 05

E-Bike-Miete und Akkuwechsel
• Sils Maria, la Fainera, Via da Marias 10,
081 826 55 02
• St. Moritz, Hotel Schweizerhof,
Via dal Bagn 54, 081 837 07 07

Tipp
Mit der Standseilbahn
auf Muottas Muragl
und das Angebot
geniessen.

Von der Wasserscheide zwischen Donau und Po nach Pontresina – diese leichte Tour in Hochgebirgsumgebung blendet mit Blicken auf die wunderbare Landschaft und unsere riesigen Wasserreservoire – die Gletscher.

22
Gletschertour Berninapass
König der Bernina für einen Tag

mittel • Bikeerlebnis

Fortsetzung unten

C

Morteratschgletscher

Obwohl der Gletscher in den letzten 130 Jahren satte 2,2 km an Länge eingebüsst hat, ist er noch immer eine imposante Erscheinung. Ein Lehrpfad mit 20 Stationen berichtet über den Rückgang, die Vegetation, Glaziologie und Geomorphologie. Start ist die RhB-Station, das Begleitbuch muss bei der Tourist Info Pontresina abgeholt werden.

D

Sine Sole Sileo

Auf dem Muottas Muragl steht die neuartige und supergenaue Sonnenuhr. Die Zeit darauf stimmt auf 10 Sekunden genau – unbedingt selber überprüfen!

Wer die Tour auf Alp Grüm startet, verdient sich mit den anfänglichen 150 Höhenmetern als Bonus die Aussicht auf das Puschlav und den Palügletscher.

Massstab 1 : 60 000

Alp Grüm

Im Zweiten Weltkrieg wurde im Hotel Belvedere auf 2189 m ü. M. ein Fliegerbeobachtungsposten eingerichtet, weil der weitläufige Ausblick über das Puschlav und den Lago di Poschiavo die dortige Bevölkerung schützen konnte. Heute bestaunen die Besucher hier die Aussicht auf den Palügletscher.

Diavolezzabahn

Die Bahn auf die Diavolezza wurde 1956 in Betrieb genommen und bereits ein Jahr später wieder umgebaut. Heute können Aussicht, Sonne oder ein Badespass im Bottich auf der Terrasse genossen werden. Die Kletterwand in der Bergstation zwischen Perron und Umlenkrad bietet besonderen Nervenkitzel.

Wegbeschreibung

1› Ab Ospizio Bernina der Route Nr. 673 in Gegenrichtung via Morteratsch nach Pontresina folgen.

Variante

V1› Bei Station Alp Grüm 100 Hm bis Hotel Belvedere schieben, über Feldweg auf Route Nr. 673 bis Bernina Ospizio.

Streckeninformation
Vom Berninapass nach Pontresina
Länge: 19 km
Höhenmeter im Aufstieg: 93
Verkehr: Meist Naturwege abseits der Hauptstrasse, wenige kurze Singletrails, nicht anhängertauglich.

Kombination mit ÖV
Berninapass / Ospizio Bernina: RhB nach Poschiavo, Pontresina oder St. Moritz; Post-Auto nach Pontresina, Livigno und Poschiavo
Pontresina: RhB nach St. Moritz oder Scuol

Anbindung an Veloland
Pontresina: Route Nr. 65

Verpflegung
• Alp Grüm, Restaurant bei Station, saisonal geöffnet, 081 844 03 18
• Alp Grüm, Hotel Belvedere, saisonal geöffnet, 081 844 03 14
• Ospizio Bernina, Restaurant, 081 844 03 07
• Morteratsch, Hotel Morteratsch, 081 842 63 13
• Val Roseg, Hotel Roseg Gletscher, Anreise per Velo, 081 842 64 45
Picknick
• Diavolezza, höchstgelegene Feuer-stelle Europas, 30 Minuten Fussmarsch ab Bergstation
• Morteratsch, Feuerstellen zwischen Station und Camping Plauns, unterhalb der Hauptstrasse

Ausflugsziele
Ökostromlehrpfad Wanderung vom Ospizio Bernina zum Gletschergarten von Cavaglia, 2,5 h, mit spannenden Infotafeln, Juni–Oktober, 081 839 71 11
www.repower.com
Val Roseg Einstündige Kutschen-fahrten zum Hotel Roseg Gletscher, Sicht auf den Gletscher und Gäms-kolonien, fahrplanmässig ab Bahnhof Pontresina, Wohli's Kutschenfahrten, 078 944 75 55
www.engadin-kutschen.ch
Museum Alpin Zeigt die Entwicklung Pontresinas vom Bergdorf zum Kurort, Via Maistra 199, 081 842 72 73
www.pontresina.ch
Bademöglichkeit
Pontresina, Bellavita Erlebnisbad und Spa, Via Maistra 178, 081 837 00 37
www.pontresina-bellavita.ch

Velofachgeschäft
Pontresina, Schweizer Langlauf- und Bike-zentrum, auch E-Bike-verleih / Akkuwechsel, beim Bahnhof, 081 838 83 88

E-Bike-Miete und Akkuwechsel
• Morteratsch, Camping Morteratsch, Plauns 13, 081 842 62 85
• Pontresina, Schweizer Langlauf- und Bikezentrum, Cuntschett 1, 081 838 83 88
• Val Roseg, Hotel Roseg Gletscher, nur Akkuwechsel, 081 842 64 45

Tipp
Veloabstecher von Pontresina ins wunderschöne und autofreie Val Roseg.

Von der offenen Wiesen- und Flusslandschaft im unteren Oberengadin rollt es sich gut und meistens abwärts Richtung Zernez, dem Tor zum Nationalpark. Auf der zweiten Hälfte der Tour dominiert dichter Wald.

23
Bären- statt Ochsentour
Vom Oberengadin zum Nationalpark

leicht • Familienerlebnis

Chamanna Cluozza

Im Herzen des Nationalparks übernachten. Das Val Cluozza ist das erste Tal, das die Gemeinde Zernez bereits 1909 dem gerade entstehenden Nationalpark zur Verfügung gestellt hat. Die Hütte ist von Ende Juni bis Mitte Oktober bewartet. Ab Zernez ungefähr 3 Stunden.

Nationalparkzentrum Zernez

Im markanten Neubau von Valerio Olgiati befindet sich die interaktive Dauerausstellung zu Pflanzen, Tieren, Parkgeschichte und Mythen. Kinder können mit einem Entdeckerbüchlein ihren eigenen Weg durchs Zentrum suchen.

Massstab 1 : 100 000

Gemütlicher Kinderspielplatz mit Grill und Brunnen

Der Kinderspielplatz in La Punt liegt direkt am Veloweg. Auf dem grosszügig angelegten Gelände laden fest installierte Tische zum Picknicken und Verweilen ein.

Kirche San Luzi, Zuoz

Den Chor zieren drei Glasfenster: «La charited» (die Liebe) und «La spraunza» (die Hoffnung) von Augusto Giacometti sowie «La cretta» (der Glaube) vom Zuozer Constant Könz. Weitere Glasfenster hat der Zuozer Künstler Gian Casty geschaffen.

Kapelle San Bastiaun, Zuoz

Der postromanische Bau besteht aus einem quadratischen Schiff und einem Chor mit alten, sehr gut erhaltenen Fresken. Die Glasfenster stammen von Gian Casty.

Im Unterengadin war 1904 der letzte Schweizer Bär erlegt worden. In den letzten Jahren wurde in der Gegend von Zernez wieder ein Bär beobachtet.

Wegbeschreibung
1› Ab Bahnhof Pontresina dem Inn-Radweg Nr. 65 bis Zernez folgen.

Varianten
V1› Rückweg nach Pontresina: In Zernez Radweg Nr. 65 verlassen, Hauptstrasse Richtung St. Moritz bis Wegweiser «Camping», rechts über die Inn-Brücke, nach 300 m links nach Prazet, Brail, Cinuos-chel und La Resgia. **V2›** In La Resgia ein kurzes Stück auf der Hauptstrasse fahren, dann rechts in den Wanderweg nach S-chanf. **V3›** Nach S-chanf auf der Hauptstrasse Richtung Zuoz fahren, vor Überführung Hauptstrasse verlassen, links dem Feldweg bis Madulain folgen. **V4›** In Madulain den Inn überqueren, über gut ausgebauten Feldweg Richtung La Punt, in La Punt Richtung Isellas abzweigen und der Signalisation Bever – Samedan folgen.

Streckeninformation
Von Pontresina nach Zernez
Länge: 36 km
Höhenmeter im Aufstieg: 190
Verkehr: Meist breite Naturwege mit sehr wenig Verkehr und einzelnen strengeren Gegensteigungen.

Kombination mit ÖV
Pontresina: RhB nach St. Moritz, Tirano oder Scuol
Zernez: RhB nach St. Moritz oder Scuol

Anbindung an Veloland
La Punt Chamues-ch: Route Nr. 6
Zernez: Routen Nr. 6, 27, 65

Verpflegung
• Samedan, Restaurant 21, Plazza Aviatica 27, 081 852 15 55
• Zuoz, Restaurant Sur En, Resgia, 081 854 24 98
• S-chanf, Parkhütte Varusch, 081 854 31 22
• Zernez, Hotel Pizzeria Selva, Ofenpassstrasse 155, 081 856 12 85
• Cinuos-chel, Usteria da Susauna, Susauna 217, 081 854 26 88

Picknick
• Samedan, Feuerstelle am Gravatschasee, direkt an der Tour
• La Punt Chamues-ch, Spielplatz und Feuerstelle am Inn

Ausflugsziele
Wasserlehrpfad Samedan Zwischen Inn, Flaz und dem Gravatschasee, zum Thema Leben im und am Wasser, 081 851 00 60
Senda Celesta Abenteuerpfad mit Grillstelle, Wasserfall und Himmelsleiter, ca. 1 Stunde, Start in Resgia in Zuoz, 081 854 15 10
Val Trupchun Wildbeobachtung im Nationalpark. Ab S-chanf mit Bus nach Prasüras, bis Parkhütte Varusch 35 min, 3 h auf Höhenweg zur Alp Trupchun.
Kinderpfad Champlönch
Digitaler Wanderführer und Pfadbüchlein mit spannenden Geschichten, im Nationalparkzentrum mietbar, 081 851 41 41
www.nationalpark.ch
Bademöglichkeiten
• Samedan, Golfweiher mit Feuerstelle, Kinderspielplatz und Badebucht
• Zernez, Familienbad, 081 856 12 95
www.familienbad.ch

Velofachgeschäfte
• Pontresina, Schw. Langlauf- und Bikezentrum, auch E-Bike-Vermietung/Akku, beim Bahnhof, 081 838 83 88
• Zuoz, Willi Sport, Chesa La Tuor, 081 854 12 89

E-Bike-Miete und Akkuwechsel
• S-chanf, Sporthotel Scaletta, Via Maistra 52, 081 854 03 04
• Zernez, Hotel Crusch Alba, Röven 53, 081 856 13 30

Tipp
Die Hirschbrunft im Val Trupchun im Herbst beeindruckt nicht nur Hirschkühe.

Eine wunderschöne Tour durch Engadiner Dörfer mit reicher Kultur und architektonischen, sprachlichen und kulinarischen Spezialitäten. Schellenursli und Flurina lassen grüssen.

24
Durchs Unterengadin
Auf den Spuren von Schellenursli

mittel • Familienerlebnis

Fortsetzung unten mitte

Schloss Tarasp

Um 1040 erbaut, thront das Schloss Tarasp, von weither sichtbar, als Wahrzeichen des Unterengadins hoch über dem Dorf. Ritter- und Festsäle, alte Schlafgemächer sowie die Schlosskapelle machen den Besuch zu einem Erlebnis.

Bergbahn Motta Naluns und Trottinettabfahrt

Nach der Fahrt mit der Gondelbahn muss zuerst einmal die herrliche Aussicht genossen werden. Die Abfahrt kann mit der Gondel, dem eigenen Fahrrad oder aber mit dem Miet-Trottinett erfolgen. Auf jeden Fall eine spassige Angelegenheit!

Engadiner Häuser sind mit Sgraffito verziert: Aus einer oberen Kalkschicht werden Muster herausgeritzt, und die andersfarbige untere Schicht wird sichtbar.

Wegbeschreibung
1› Vom Bahnhof Zernez der Route Nr. 6 oder Nr. 65 bis Scuol folgen.

Variante
V1› Vor der Inn-Brücke in Lavin geradeaus, Mountainbikeland-Route Nr. 442 folgen bis Ardez, dann zurück auf die Originalroute.

Massstab 1 : 60'000

Alpine Mühle Ftan

Im Mühlengebäude befinden sich zwei Mühlen im Originalzustand. Die ältere Mühle ist bereits seit rund 400 Jahren in Betrieb und noch heute funktionstüchtig.

Familienrafting

Auf dem «König der Alpenflüsse», dem En, kann sich von Scuol aus die ganze Familie auf ein Abenteuer einlassen. Die geführten Touren finden auf ruhigeren Abschnitten statt und sind deshalb auch für Kinder geeignet. Zwischendurch kann man sich ein Bad gönnen.

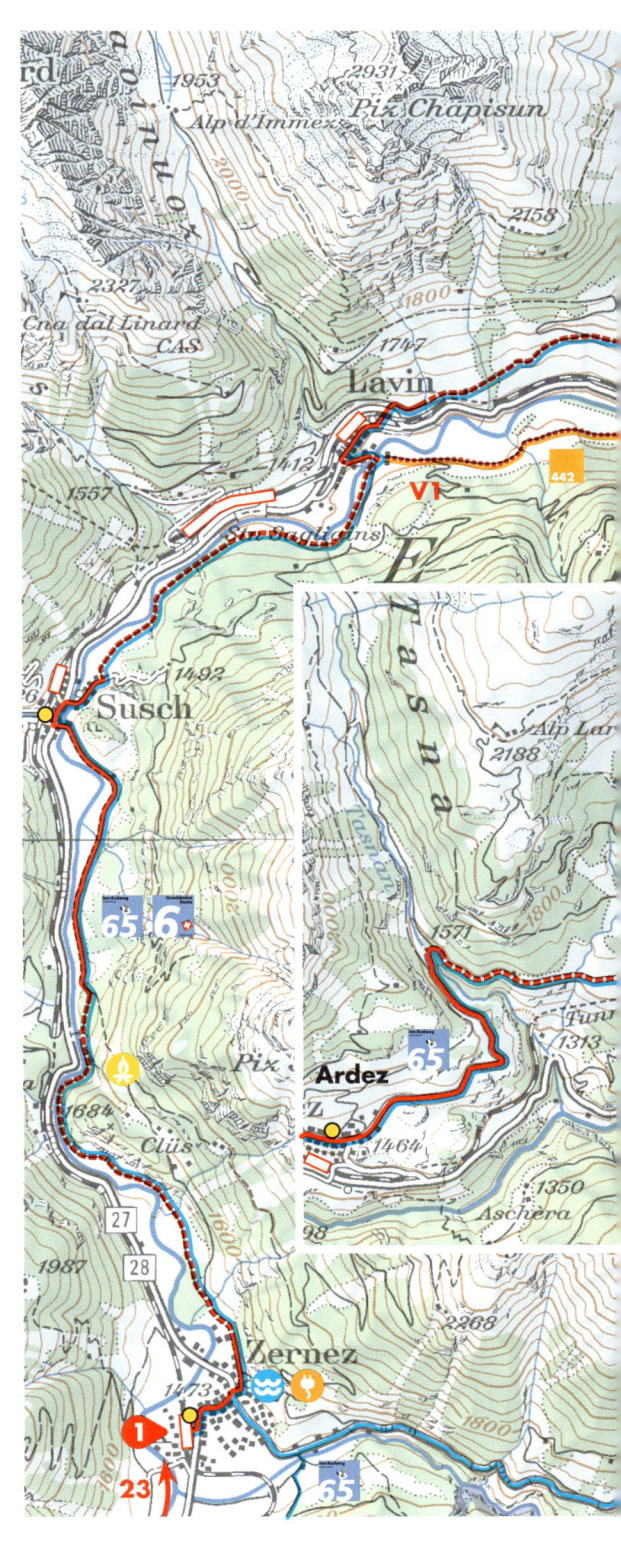

Streckeninformation
Von Zernez nach Scuol
Länge: 31 km
Höhenmeter im Aufstieg: 550
Verkehr: Grossteil auf Naturwegen und asphaltierten Strassen mit sehr wenig Verkehr

Kombination mit ÖV
Zernez und Scuol: RhB nach Landquart oder St. Moritz

Anbindung an Veloland
Zernez: Routen Nr. 6, 27
Scuol: Routen Nr. 6, 65

Verpflegung
• Lavin, Restaurant Crusch Alba, 081 862 26 53
• Guarda, Hotel Meisser, Dorfstrasse 42, 081 862 21 32
• Ardez, Schorta's Alvetern Hotel & Restaurant, Sassagl, 081 862 21 44
• Ftan, Hotel Bellavista, eigene Glaceproduktion, Rontsch 57, 081 864 01 33
• Ftan, Hotel Paradies, Muglin, 18 Punkte im Gault-Millau, 081 861 08 08
Picknick
• Zernez und Guarda, Feuerstellen nach den Dörfern, direkt an Tour
• Ftan, Feuerstelle vor Dorf, vis-à-vis Hotel Paradies

Ausflugsziele
Seilpark Engadin
Hochseil- und Kletterpark im Wald in Sur En, 081 860 09 09
www.seilpark-engadin.ch
Flurinaweg Scuol Die Geschichte von Flurina illustriert und erzählt, 2 Stunden, 081 861 22 22
www.scuol.ch
Museum Schmelzra S-charl
Museum über den Erzabbau, Juni bis Oktober, Exkursion in Stollen, Anmeldung bei Scuol Tourismus, 081 861 22 22
www.scuol.ch
Bärenmuseum S-charl
Museum Schmelzera, 081 864 86 77
www.nationalpark.ch
Bademöglichkeiten
• Zernez, Innen- und Aussenbad, Via Suot 4, 081 856 12 95
www.familienbad.ch
• Scuol, Engadin Bad, Gesundheits- und Erlebnisbad, 081 861 26 00
www.engadinbadscuol.ch

Velofachgeschäft
Scuol, Bikeria, Via da la Staziun, 081 864 83 84

E-Bike-Miete und Akkuwechsel
• Ftan, Hotel Bellavista, Rontsch 57, 081 864 01 33
• Scuol, Bikeria, Via da la Staziun, 081 864 92 91
• Zernez, Hotel Crusch Alba, Röven 53, 081 856 13 30

Tipp
Indian Summer in der Schweiz: Die goldenen Lärchenwälder im Herbst.

Nach dem Aufstieg von S-charl durch Arvenwälder zum Pass da Costainas ist die lange Abfahrt zurück unter die Baumgrenze und ins südlich anmutende Val Müstair ein herzhafter Genuss.

25
Hochalpine Genusstour
Vom Unterengadin ins Val Müstair

mittel • Bikeerlebnis

Wasserfall im Val Pisch

Ein mystisch anmutender Staubfall im engen Val Pisch. Hier hat sich im Sprühnebel eine üppige Feucht-Vegetation entwickelt – im Gegensatz zum trockenen Haupttal, das bewässert werden muss. Der Bach mündet in den Rombach.

Kloster Müstair

Das Kloster ist über 1200 Jahre alt, wobei die Klosterkirche und die Kapelle aus dem 8. Jh. stammen. Im Plantaturm, dem 1000-jährigen Wohn- und Wehrturm, befindet sich ein Museum. Die Anlage gehört zum Unesco-Weltkulturerbe.

Fortsetzung oben

Massstab 1 : 100000

God da Tamangur

Der höchstgelegene reine Arvenwald Europas liegt zuhinterst im
Val S-charl. Der urzeitliche Wald,
welcher sich in den 1920er-Jahren
in einem erbärmlichen Zustand
befand, hat sich heute erholt und
inspiriert mit seiner Stärke und
den skurrilen Baumgestalten
Einheimische und Besucher
gleichermassen.

Sternwarte Lü-Stailas

Die Sternwarte liegt auf 2000 m
ü. M. und ist dank trockenem
Klima weitgehend vor Licht-
und Luftverschmutzung geschützt.
Bei Anmeldung kann an
Himmelsbeobachtungen
teilgenommen werden.

**Im Projekt Biosfera Val
Müstair spannen Gesellschaft,
Wirtschaft und Politik zur
Entwicklung und Erhaltung
der Kultur- und Naturland-
schaft zusammen.**

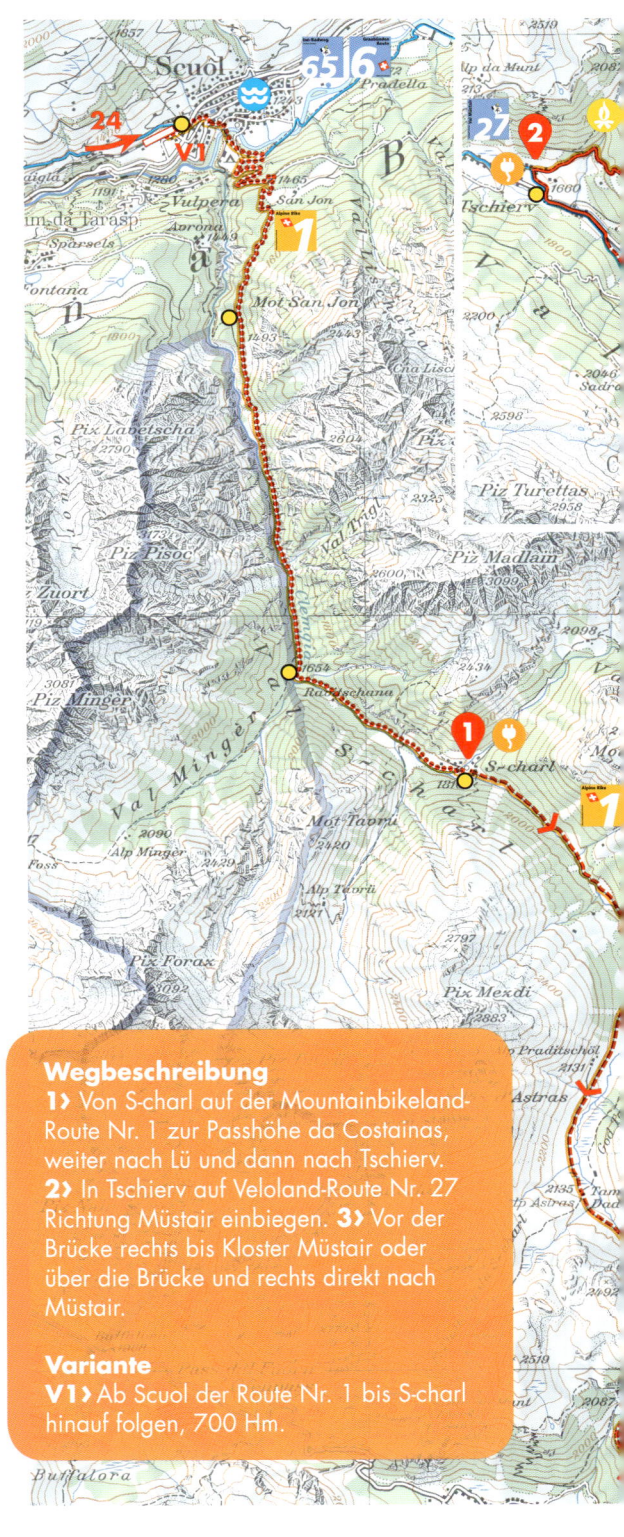

Wegbeschreibung
1› Von S-charl auf der Mountainbikeland-
Route Nr. 1 zur Passhöhe da Costainas,
weiter nach Lü und dann nach Tschierv.
2› In Tschierv auf Veloland-Route Nr. 27
Richtung Müstair einbiegen. **3›** Vor der
Brücke rechts bis Kloster Müstair oder
über die Brücke und rechts direkt nach
Müstair.

Variante
V1› Ab Scuol der Route Nr. 1 bis S-charl
hinauf folgen, 700 Hm.

Streckeninformation
Von S-charl über Pass da Costainas nach Müstair
Länge: 34 km
Höhenmeter im Aufstieg: 620
Verkehr: Naturwege bis Lü, ab Lü meist asphaltierte Strassen mit wenig Verkehr, für geübte Anhängerfahrer.

Kombination mit ÖV
S-charl: PostAuto nach Scuol (Velotransport möglich, saisonaler Fahrplan)
Müstair: PostAuto nach Zernez und Mals (I)

Anbindung an Veloland
Scuol: Route Nr. 6

Verpflegung
- S-charl, Gasthaus Mayor, 081 864 14 12, www.gasthaus-mayor.ch
- Alp Champatsch, Alprestaurant «La Posa», 081 858 56 02
- Lü, Restaurant Hirschen, Sonnenterrasse, 081 858 51 81
- Sta. Maria, Restaurant Crusch Alba, Plaz 23, 081 858 51 06,

Picknick
- S-charl, Plan d'Immez, an der Tour
- Lü, vor Dorf unterhalb der Alpstrasse im Wald, Spielgeräte
- Müstair, am Rombach, Spielplatz, WC

Ausflugsziele
God da Tamangur Höchstgelegener Arvenwald Europas, Führungen von Scuol Tourismus über Ökologie und Symbolik, 081 861 88 00
www.scuol.ch
Sternwarte Lü-Stailas Himmelsbeobachtung und Astrofotografiekurse, nur nach Voranmeldung, Via Maistra 20, 081 850 36 06
www.alpineastrovillage.net
Wasserfall im Val Pisch Der rund 80 m hohe, eindrückliche Wasserfall ist zu Fuss in 20 Minuten ab Müstair Somvih erreichbar.
Bademöglichkeit
Scuol, Engadin Bad, Gesundheits- und Erlebnisbad, mit Innen- und Aussenbädern, Sprudel, Wasserfällen und Wasserstrom, 081 861 26 00
www.engadinbadscuol.ch

Velofachgeschäfte
- Scuol, Bikeria, Via da la Staziun, 081 864 83 84
- Müstair, Tschenett Fahrräder/Metallbau, Via Palü 111, 081 858 59 63

E-Bike-Miete und Akkuwechsel
- S-charl, Restaurant Crusch Alba, nur Akkuwechsel, 081 864 14 05
- Santa Maria, Hotel Alpina, Via Umbrail 38, 081 858 55 33
- Tschierv, Zion Reisen, San Roc 33, 076 227 55 44

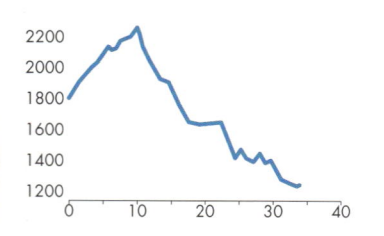

Tipp
Der «Weg der Elemente» in Valchava ist eine sinnliche Erfahrung.

Eine rasante Abfahrt abseits der Berninapassstrasse führt in die Talebene zum Hauptort Poschiavo mit seinem südlichen Charme. Einige Wiesen und Kräuterfelder später wird der idyllische See erreicht.

26
Val Poschiavo
Zwischen Gletschern und Palmen

leicht • Bikeerlebnis

C Cantone

Die Ebene zwischen Annunziata und Le Prese ist geprägt von weiten Wiesen, hohen Zypressen und duftenden Kräuterfeldern – Kräuter, aus denen auch Tee produziert wird. Der Blick ist frei auf die Bergamasker Alpen.

D Lago di Poschiavo

Le Prese liegt am Anfang des Sees, der zum Schwimmen, Rudern und Surfen einlädt. Auch Campingplätze und Minigolfanlagen gibt es hier. Der See wurde durch den Bergsturz bei Miralago gestaut.

Berninalinie der RhB

Die Berninabahn von St. Moritz nach Tirano ist Teil des Unesco-Welterbes. Sie wurde 1910 fertiggestellt und ist bis heute die steilste Bahn ohne Zahnradantrieb. Die Rückreise im offenen Panoramawagen ist ein Erlebnis.

Splüga

In diesem malerischen Weiler steht ein typisches «crot» oder «scelé». Das sind runde Steinbauten, welche meist über offenem Wasser errichtet wurden und als Kühlkammer dienten.

Poschiavo

Der Talhauptort strahlt südländisches Flair aus. Seine Kirchen, Museen und die lebendige Piazza Comunale laden zum Bleiben ein. Die stattlichen Palazzi des Spaniolenviertels gehörten ausgewanderten Zuckerbäckern.

Pizzocheri (Buchweizenteigwaren mit Wirsing, Kartoffeln und Käse) sind die einheimische Spezialität, die unbedingt gekostet werden muss.

Wegbeschreibung

1› Bei Sfazù rechts von der Kantonsstrasse weg, durch Angeli Custodi, Richtung Poschiavo. **2›** In San Carlo bei der Raiffeisenbank rechts Richtung Aino. **3›** Eingangs Poschiavo, beim Hotel Altavilla, die Brücke überqueren, über die Via da Mez zur Piazza. **4›** Die Via dal Poz entlang zu den Palazzi im Spaniolenviertel, weiter die Via da Santa Maria entlang zur Kirche Santa Maria Assunta. **5›** Entlang der signalisierten Veloroute nach Annunziata, Pagnoncini, Cantone und Le Prese. **6›** Kurzes Teilstück auf der Kantonsstrasse, nach dem Hotel Le Prese wieder auf dem Veloweg entlang dem Lago di Poschiavo.

Streckeninformation
Von Sfazù nach Miralago
Länge: 18 km
Höhenmeter im Aufstieg: 50
Verkehr: Meist asphaltierte Neben-
strassen, zwischen Splüga und
Angeli Custodi ruppige Naturstrasse,
nicht anhängertauglich.

Kombination mit ÖV
Sfazù: PostAuto nach Pontresina oder
Poschiavo
Miralago: PostAuto und RhB nach Poschiavo
und Tirano (I)

Anbindung an Veloland
Keine

Verpflegung
• Li Curt, Pensione Capelli, Prada,
081 844 01 92
• Poschiavo, Hotel Albrici à la poste,
Plazza da Cumün, 081 844 01 73
• Poschiavo, Gelateria/Caffè
Semadeni Garni, Plazza da Cumün,
081 844 07 70
• Le Prese, Albergo Sport,
081 844 01 69
• Miralago, Albergo Grotto Miralago,
081 839 20 00
Picknick
• Privilasco, Feuerstelle an Tour
• Cantone, Feuerstelle am linken See-
ufer, etwas abseits der Tour

Ausflugsziele
Mulino Aino Vorindustrieller Hand-
werksbetrieb mit Mühle, Sägerei und
Schmiede, in San Carlo,
079 246 96 38
www.mulinoaino.ch
**Ethnographisches Talmuseum
Poschiavo** Ein Museum verteilt auf
einen Palazzo und ein Bauernhaus,
Via di Puntunai, 081 834 10 20
www.museoposchiavino.ch
Casa Console Kunstmuseum der
Romantik, Poschiavo, Via da Mez 28,
081 844 00 40
www.polomuseale.ch
Poschiavo Malerische Piazza mit
Stiftskirche San Vittore und viel Leben
www.valposchiavo.ch
Bademöglichkeiten
Badestellen am Lago di Poschiavo
in Cantone (linke Seeseite), Le Prese
und Miralago

Velofachgeschäfte
• Poschiavo, Claudio Bike,
Via da Resena 254 A, 079 468 97 81
• Poschiavo, Magnicicli,
Via da lc Pesa 240, 081 844 22 44

Akkuwechsel
• Poschiavo, Albergo Croce Bianca,
Via da Mez, 081 844 01 44,
• Le Prese, Albergo Sport Raselli,
081 844 01 69

Tipp
Anfang Oktober
findet in Brusio
jeweils das grosse
Kastanienfest statt.

VORBEREITUNGSFREI INS WOCHENENDE

GABRIELLE ATTINGER

WEEKENDS FÜR GENIESSER BAND 2

20 neue Tipps für Kurzferien in der Schweiz

Wer diesen Führer in der Hand hat, braucht nur noch die Reisetasche zu packen. Mit mehreren Programmvorschlägen pro Tag – inklusive Langschläfer- und Regenprogramm – sowie Detailinformationen zu Anreise, Unterkunft, Verpflegungsmöglichkeiten, Öffnungszeiten, Velomiete etc. nimmt Ihnen «Weekends für Geniesser» sämtliche Vorbereitungsarbeit ab.

Zahlreiche farbige Abbildungen
ISBN 978-3-85932-699-6
CHF 34.90 / EUR 28.90

GUT GEPLANT IST HALB GEREIST

URSULA KOHLER

TRIPS MIT KIDS

20 zweitägige Ausflüge mit Kind und Kegel

Wer Neues entdecken und spannende Wochenenden ohne zeitraubende Planung verbringen möchte, findet in diesem Familien-Reiseführer zündende Ideen und Vorschläge für quasi pfannenfertige zweitägige Touren. Die vielfältigen Varianten gehen auf persönliche Vorlieben der Familien ein.

Zahlreiche Karten und farbige Abbildungen
ISBN 978-3-85932-700-9
CHF 34.90 / EUR 28.90

(Preisänderungen vorbehalten)

buecher@werdverlag.ch
T 0848 840 820 (CH), T 07154 13 270 (D)
Besuchen Sie unseren Buchshop: werdverlag.ch

WERDVERLAG
Machen Sie mehr aus Ihrer Freizeit.

Velo-Selbstverlad

Das Velo und die Rhätische Bahn

Egal, wo die Velotour startet und endet: Die Rhätische Bahn (RhB) bietet viele Möglichkeiten, um an den Start- und Zielort zu gelangen. Dabei stehen Gepäckwagen für den Selbstverlad zur Verfügung. Auf www.sbb.ch kann überprüft werden, ob bei der gewünschten Zugverbindung der Velotransport zugelassen ist. Das Signet «keine Velomitnahme» im Fahrplan und der Abfahrtstabelle zeigt an, wo keine Verlademöglichkeit gegeben ist. Je nach Verkehrsaufkommen kann auf einzelnen Linien die Transportkapazität für den Velo-Selbstverlad ausgeschöpft sein. Dies sollte bei der Reiseplanung berücksichtigt werden. Im Bernina- und Glacier Express ist der Velotransport nicht möglich.

So verladen Sie Ihr Velo
Die Velos oder ähnliche Fahrgeräte müssen von den Reisenden selber ein-, aus- und umgeladen werden.

- Velos werden am einfachsten verladen, indem der Fahrgast durch den Personeneinstieg in den Gepäckwagen gelangt und dann das Tor von innen durch Drücken oder Heben des Sicherheitsriegels öffnet. Das Tor darf erst geöffnet werden, wenn der Zug stillsteht. Nach dem Öffnen des Tores kann die Sicherheitsstange hochgehoben werden. Sie ist unmittelbar nach dem Ein- oder Auslad wieder herunterzuklappen.
- Die Satteltaschen und Gepäckstücke müssen für den Transport im Zug vom Velo entfernt und Schattenvelos und Anhänger müssen abgekoppelt werden.
- Wenn die Reisezugbegleitung der Rhätischen Bahn darüber informiert wird, wo die Velos ausgeladen werden sollen, steht sie hilfsbereit zur Seite und sorgt für die Sicherheit beim Ausladen. Damit zügig ausgeladen werden kann, ist es wichtig, dass die Reisenden sich organisieren und frühzeitig zu den Velos auf der Veloplattform oder in den Gepäckwagen gehen. Während der Fahrt ist der Aufenthalt im Gepäckwagen aber verboten.
- Auf dem Bahnsteig gilt Fahrverbot.
- Um Verspätungen zu vermeiden, ist die RhB auf einen speditiven Velo-Selbstverlad der Reisenden angewiesen.

Die Velo-Infrastruktur der Rhätischen Bahn bewährt sich selbst bei grösserem Bikeransturm.

Bequem verladen vom Bus auf die Bahn – auch das ist möglich.

E-Bikes
Der Fahrer des E-Bikes muss in der Lage sein, den Velo-Selbstverlad selbst durchzuführen.

Kindervelos
Kinder mit Junior-Karte und Kinder unter sechs Jahren nehmen ihr Kindervelo oder Windschattenvelo gratis mit, sofern sie von ihren Eltern begleitet werden. Die Eltern brauchen Reise- und Velobillette. Die gleichen Bestimmungen gelten auch für die Enkel-Karte und die STS-Familienkarte. Veloanhänger hingegen benötigen dasselbe Billett wie normale Fahrräder.

Gruppen und Velos als Reisegepäck
Für Gruppen ab 10 Personen ist eine Vorreservation bis spätestens 48 Stunden vor Abreise am Bahnhof oder beim Railservice nötig. Die Velos müssen dabei an bedienten Bahnhöfen als Reisegepäck aufgegeben werden.
Telefon 081 288 65 65
railservice@rhb.ch

Velo-Selbstverlad im PostAuto
Auch bei PostAuto können Fahrräder jederzeit transportiert werden. Die Postautos in touristischen Gebieten haben während der Sommermonate Veloträger am Fahrzeugheck. An diese können die Velos aufgehängt werden. Auch falls keine Heckträger vorhanden sind, kann das Fahrrad transportiert werden, sofern genügend Platz vorhanden ist und die Fahrgäste nicht benachteiligt werden. Elektrovelos können dabei nur eingeschränkt berücksichtigt werden. Der Besitzer muss immer mit dem Velo reisen und dieses selbst auf- und abladen. Dabei ist ein gültiger Fahrausweis für Reisende und Velo nötig. Auf einigen PostAuto-Linien ist die Velomitnahme reservationspflichtig oder nur beschränkt möglich. Deshalb sollte vor der Reise die PDF-Datei «Velo und PostAuto» beachtet werden. Darin finden sich alle nötigen Informationen zu Reservationen, Verkaufsorten, Spezialtarifen sowie weitere Bedingungen.
www.postauto.ch

Netzplan Graubünden

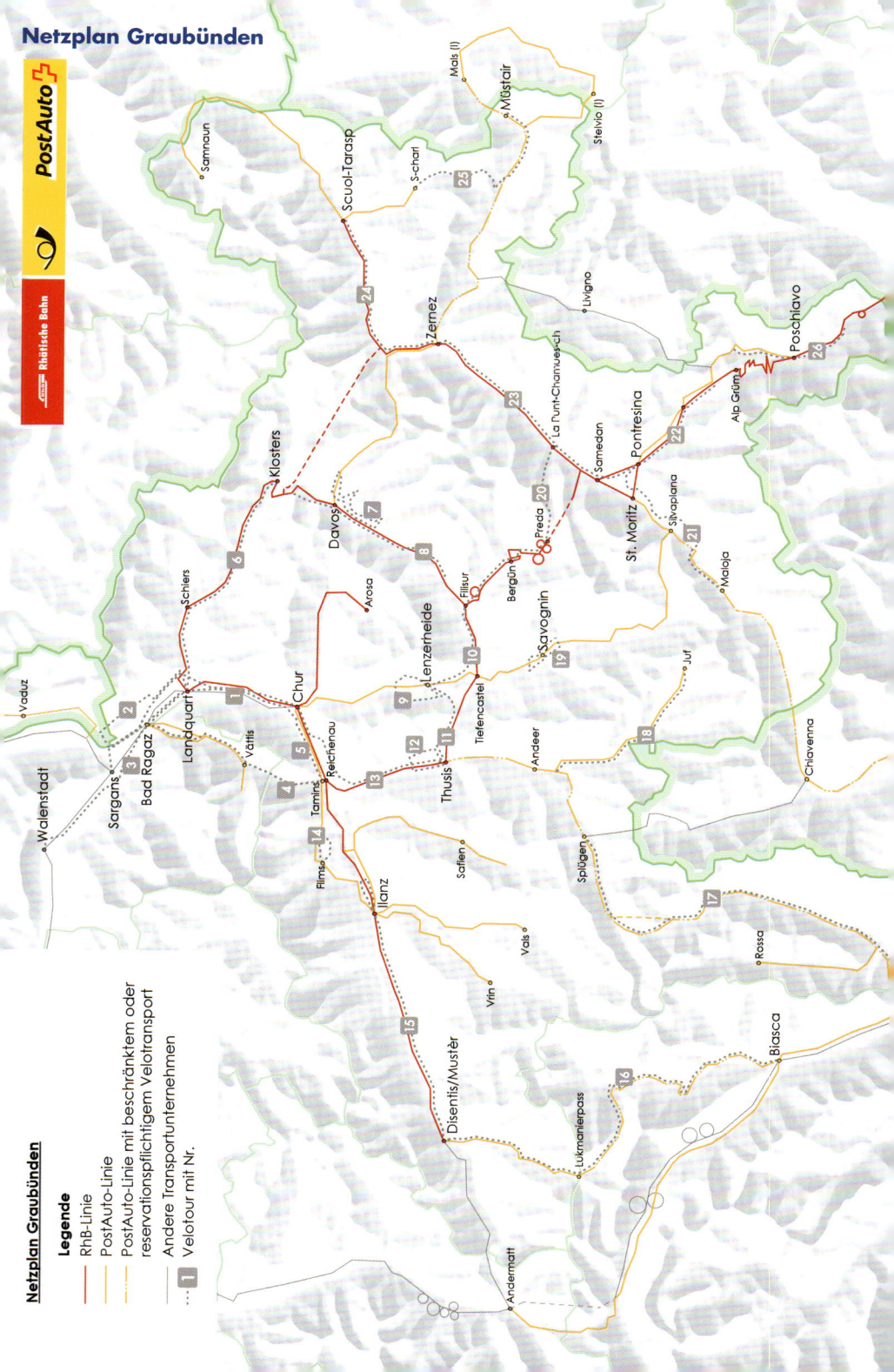

So reist das Gepäck durch Graubünden

Gepäcktransfer von Hotel zu Hotel

Die Rhätische Bahn (RhB) und PostAuto Graubünden bieten gemeinsam den Service «Schnelles Reisegepäck Graubünden» an. «Schnelles Reisegepäck Graubünden» ist auf Biker, Wanderer und Velofahrer zugeschnitten, die destinationsübergreifende Mehrtagestouren unter die Räder oder unter die Füsse nehmen. Das Angebot steht für einen unbeschwerten, zuverlässigen und kostengünstigen Gepäcktransfer von Hotel zu Hotel.

Ohne Gepäck unterwegs sein

Ihr Gepäck wird am selben Tag von einem Partnerhotel zum nächsten Partnerhotel transportiert, ohne dass Sie sich um etwas kümmern müssen. Weitere Informationen und die Liste mit den Partnerhotels finden Sie unter:
www.graubuenden.ch/gepaecktransport

Anbindung an schweizweite Transportangebote

Für die An- und Abreise können Gäste die Angebote «Schnelles Reisegepäck» und «Reisegepäck Schweiz» der SBB nutzen. Die SBB ermöglichen zusammen mit den kantonalen Transportunternehmen einen schweizweiten Gepäcktransport vom Heimbahnhof in die Feriendestination. Ein Gepäcktransport direkt ins Hotel ist teilweise auch möglich. Mehr Infos dazu auf:
www.sbb.ch/gepaeck

Während das Gepäck von Hotel zu Hotel transportiert wird, lässt es sich entspannt Velofahren.

Freizeitangebot

Vielfältiges von Bahn und Bus

Freizeit-Bons der Rhätischen Bahn

Dieses Angebot in den Bereichen Wellness, Kulinarik, Kultur und Aktiv-/Familienerlebnisse ist vielfältig und reicht von Erlebnisbädern über Hochseilparks und Riverrafting bis zu Kutschenfahrten. Im kulturellen Bereich stehen vorwiegend Museen, Ausstellungen und Führungen zur Auswahl. Wer bei den beteiligten Freizeit-Partnern eine tagesaktuelle Fahrkarte der RhB vorgezeigt, kann sofort von attraktiven Reduktionen oder Zusatzleistungen für zahlreiche Angebote im ganzen Kanton Graubünden profitieren. Umgekehrt lässt sich eine Bahnfahrt im ganzen Kanton Graubünden mit einem Freizeit-Bon kombinieren.

Zu Fuss oder per Bike: Aussichtsturm bei Conn.

Einfach von Reduktionen und Zusatzleistungen profitieren

Das Prinzip der Freizeit-Bons ist einfach. Wer im Besitz eines tagesaktuellen Fahrausweises des öffentlichen Verkehrs mit Einbezug einer RhB-Strecke sowie eines ausgedruckten oder via Smartphone ersichtlichen Freizeit-Bons ist, profitiert von Reduktionen oder Zusatzleistungen der beteiligten Partner. Eine Auswahl der Angebote ist in den neuen RhB-Erlebniskarten als Bon publiziert. Diese sind bei jedem RhB-Bahnhof erhältlich. Die Freizeit-Bons sind auch im Zusammenhang mit dem GA oder mit Pauschalfahrausweisen gültig. Jeder Freizeit-Bon ist für eine Person gültig und nicht mit anderen Vergünstigungen der Partner kumulierbar. Die Gültigkeiten der Angebote sind jeweils auf den entsprechenden Bons ersichtlich. Download und Informationen:
www.rhb.ch/freizeit-bons

Mit PostAuto ins Freizeitvergnügen

Mehr erleben? Auf «FreizeitKlick» von PostAuto können über 100 Freizeitideen in Graubünden mittels Foto oder Video entdeckt werden. Der nächste Ausflug kann so im Nu mit Tipps zu PostAuto-Linien, Sehenswürdigkeiten und Freizeitangeboten

slowUp in der Region Graubünden und der übrigen Schweiz

Das slowUp-Rezept ist so einfach wie überzeugend: Man nehme rund 30 km Strassen in einer attraktiven Landschaft, sperre sie einen Tag lang für den motorisierten Verkehr und sorge für ein vielseitiges Rahmenprogramm entlang der Strecke. In und um Graubünden laden folgende slowUps zum Bewegen und Geniessen ein:
- slowUp Mountain Albula Passstrasse zwischen Filisur–Bergün–Preda–Passhöhe–La Punt. In der Regel erster Sonntag im September.
- slowUp Werdenberg–Liechtenstein Buchs–Sevelen–Vaduz–Schaan–Eschen–Ruggell–Frümsen–Gams–Grabs–Buchs. In der Regel erster Sonntag im Mai.
- slowUp Ticino Magadinoebene zwischen Locarno und Bellinzona. In der Regel zweitletzter Sonntag im April.

Die aktuelle Liste mit den slowUps in allen Schweizer Regionen, Streckenkarten und Termine sind zu finden unter
www.slowUp.ch.

geplant werden. Zudem gibt es zu jedem Ausflugstipp einen Kurzbeschrieb, Hinweise auf weitere Angebote, den direkten Link auf Google Maps mit dem Wegbeschrieb sowie Informationen zum Fahrradtransport und Reservationen.
www.postauto.ch

Die PostAuto-App – der Mehrwert im Alltag und in Ihrer Freizeit!

Mit dieser App bietet die PostAuto Schweiz AG einen echten Mehrwert im Alltag und in der Freizeit. Die nächsten PostAuto-Abfahrten, Aktionen und Angebote können jederzeit und überall abgerufen werden. Dazu muss nur die kostenlose App im AppStore oder im Google Play Store heruntergeladen werden. Die Fahrplanfunktion enthält alle nationalen Fahrplaninformationen für die individuelle Reise, und sämtliche Fahrpläne können abgerufen werden. Vielerorts sind die Abfahrtspläne in Echtzeit verfügbar. Der Bereich Reisen und Freizeit bietet unzählige Freizeitangebote in jeder Saison und nach eigenen Bedürfnissen. Auch der Audioguide für verschiedene Strecken in der Schweiz steht zur Verfügung, und eine grosse Anzahl der beliebtesten Ausflugspunkte können dank Augmented Reality mit historischen Informationen angezeigt werden. Mit Multimedia vereint die App viele tolle Bilder und Videos der schönsten PostAuto-Strecken. Wettbewerbe und Spiele verkürzen die Reise zusätzlich.
www.postauto.ch

Gratis-Internet im Postauto

PostAuto rüstet einen grossen Teil seiner Fahrzeugflotte mit einem gratis Internetzugang für die Fahrgäste aus. Um das Angebot nutzen zu können, müssen Sie sich einmalig in einem mit Wi-Fi ausgerüsteten Postauto mit Ihrem Smartphone, Laptop oder Tablet-PC registrieren. Mit Wi-Fi ausgerüstete Postautos sind mit einem leicht erkennbaren Symbol signalisiert, das aussen neben den Türen und im Innenraum des Fahrzeugs angebracht ist. Zu beachten ist, dass – vor allem in Berggebieten mit ihrer schwierigen Topografie – die Empfangsqualität abhängig von der Abdeckung des GSM-Netzes ist.
www.postauto.ch

Der Kluge reist auch in Graubünden im Zuge – hier eben mit der Rhätischen Bahn.

Unterwegs mit RhB und PostAuto

Via Albula / Bernina

Er ist einzigartig angelegt und kreuzt immer wieder die Strecke der Rhätischen Bahn. Der Weitwanderweg Via Albula / Bernina passt sich jeder Stimmung an – egal ob lange oder kurze Strecken geplant sind. Es wird zum Kinderspiel, Brücken und Viadukte zu entdecken. Müde Beine steigen auf die RhB um und lassen die Naturlandschaften bequem an sich vorbeiziehen. Der Wanderweg führt 131 Kilometer entlang dem RhB Unesco Welterbe und ist in zehn individuell kombinierbare Etappen unterteilt. Dabei können hochalpine, alpine und subtropische Zonen in einem Naturparadies erlebt werden – zu Fuss oder per Bahn, langsam oder schnell, von Norden nach Süden oder umgekehrt. Auf der Via Albula / Bernina ist jeder ein Etappensieger. Der Wanderführer Via Albula / Bernina beschreibt die schönsten Wanderungen entlang der Welterbestrecke von Thusis bis Tirano und kostet 29 Franken. www.rhb.ch/via

Entspannen und geniessen

Die Wasserwelt des Wellnessbads H2Lai in Lenzerheide lockt mit einem vielfältigen Angebot an Aussen- und Innenschwimmbecken, Wellness und Plauschbereichen für Kinder. Dazu gehören das 175 m² grosse Aussen-Sprudelbad, die Saunahütte auf dem Dach, die Relax-Zone und die 85 m lange Riesenrutschbahn «Black Hole».

Lauschiges Picknick im Albulatal.

PostAuto bietet zwei Kombis an, mit denen 20 Prozent gespart werden können.

Badekombi
- PostAuto-Fahrt nach Lenzerheide und zurück
- Eintritt in die Wasserwelt des Wellnessbads H2Lai mit 20 Prozent Ermässigung

Bade- und Wellnesskombi
- PostAuto-Fahrt nach Lenzerheide und zurück
- Eintritt in die Wellnessanlage und in die Wasserwelt des Wellnessbads H2Lai mit 20 Prozent Ermässigung

Diese attraktiven Kombi-Billette sind an den PostAuto-Verkaufsstellen sowie beim Fahrpersonal im Postauto erhältlich. www.postauto.ch

Sprudelbad gefällig?

Modernes Badeerlebnis vor Bergkulisse.

Tourenvorbereitung

Fürs Velo
- Mit aufgepumpten Reifen fährt es sich leichter.
- Überprüfen Sie die Bremsen vor der Abfahrt.
- Stellen Sie den Sattel so ein, dass sie mit den Füssen sitzenderweise knapp den Boden erreichen. Besonders bei Kindern ist ein Neueinstellen öfters notwendig.
- Sollte es einmal spät werden, ist ein funktionierendes Licht notwendig.
- Velo-Reparatur-Set oder Ersatzschlauch, Pneuheber und Pumpe für platte Reifen (siehe Seite 35)

Für sich selbst
- Kleidung im Schichtenprinzip und dem regionalen Klima angepasst (Wind- und Regenschutz)
- Sonnenbrille, Kopfbedeckung, Helm (richtig einstellen!)
- Genügend Zwischenverpflegung
- Trinkflasche
- Reiseapotheke
- Sonnenschutzmittel, Mückenschutz
- Halbtaxabo und Juniorkarten für allfällige Etappen per ÖV
- ID oder Pass für Fahrten über die Landesgrenze
- Tourenführer und eventuell ergänzende Karte

Gepäck auf dem Velo
Gepäck lässt sich am einfachsten in Velotaschen oder einem Velokorb transportieren. Ein Rucksack auf dem Rücken tut es zwar für den Tagesausflug auch, macht das Fahren aber wesentlich anstrengender. Als Grundsatz gilt: Alles, was man mitnimmt, muss man auch tragen. Deshalb befolgen Tourenfahrende die Devise: so viel wie nötig, so wenig wie möglich.

Wer sich seriös vorbereitet, erreicht das Etappenziel entspannter.

Unterwegs im Flyer-Land

Es gibt wohl kaum ein Land, das so viele Sehenswürdigkeiten und Naturdenkmäler auf engstem Raum bietet wie die Schweiz. Von den malerischen Altstädten ist es meist nur ein Katzensprung zu atemberaubenden Naturschönheiten mit wilden Schluchten, tosenden Wasserfällen und unberührten Alpweiden.

2003 wagte Biketec AG den ersten Schritt in eine Ferienregion. Seither zieht der Einsatz der Flyer im Tourismus immer weitere Kreise. Die Schokoladenseite des Fahrradfahrens kann inzwischen in zahlreichen Tourismusregionen erlebt werden. Im Flyer-Land Schweiz – dem Netzwerk von über 400 Vermiet- und 600 Akkuwechselstationen – stehen in allen Landesteilen rund 2000 Miet-Flyer für Ihre ganz spezielle Entdeckungstour zur Verfügung. Sie mieten einen Flyer vor Ort, und ein Netzwerk von Akkuwechselstationen garantiert Ihnen anschliessend nahezu grenzenlosen Fahrspass. Damit mehr Zeit fürs Entdecken bleibt, empfehlen wir Ihnen für die Planung, sich die interaktiven Karten auf www.veloland.ch von SchweizMobil anzuschauen. Diese zeigen den Verlauf der Routen bis zum Massstab 1:10000 auf Landeskarten von swisstopo. Sie können diese Karten kostenlos ausdrucken.

Mit dem eigenen Flyer ins Flyer-Land Schweiz?

Sie möchten mit Ihrem eigenen Flyer vom umfangreichen Netz der Akkuwechselstationen profitieren? Nichts einfacher als das: Die Hauptstationen in den Regionen verfügen über zusätzliche Miet-Akkuboxen. Diese sind speziell gekennzeichnet und können kostenlos bei sämtlichen Akkuwechselstationen getauscht werden. Hinterlegen Sie bei einer Hauptstation Ihre eigene Akkubox, und mieten Sie eine entsprechende Miet-Akkubox. So steht Ihrer mehrtägigen Flyer-Tour nichts mehr im Weg. Alle Premium-Modelle mit Jahrgang 2006 und jünger sind mit den Akkuboxen der Akkuwechselstationen kompatibel.

Neu sind ausgewählte Vermiet- und Akkuwechselstationen (Liste unter www.flyer.ch) mit 36-V-Akkuboxen ausgestattet! Mieten Sie einfach eine 36-V-Miet-Akkubox mit violettem Aufkleber und «fliegen» Sie los! Neben den Hauptvermietstationen verfügen auch immer mehr Flyer-Center (Händler) über Miet-Akkuboxen für das Flyer-Land Schweiz. Fragen Sie bei Ihrem Flyer-Center nach.

Nähere Infos

Detaillierte Informationen zum Flyer-Land Schweiz finden Sie auf der «Flyer-Land Schweiz»-Karte. Die praktische Übersichtskarte können Sie bequem via QR-Code bestellen. Senden Sie das Kennwort [flyerland67] zusammen mit Ihrem Namen und Ihrer Adresse, und Sie erhalten Ihre «Flyer-Land Schweiz»-Karte kostenlos per Post.

Biketec AG
Schwende 1
4950 Huttwil BE
Tel. 062 959 55 55
info@flyer.ch
www.flyer.ch

Mit dem Flyer die Region entdecken.

Entdecken Sie Flims

Die Destination Flims, mit den drei Dörfern Flims Laax Falera, ist ein Abenteuerspielplatz für aktive Familien in einmaliger Natur und mit dem Qualitätsgütesiegel «Familien Willkommen» ausgezeichnet.

Bei uns erleben Sie:

- Ami Sabi Sommerwunderland für Kinder von 4–10 Jahren
- Die erste Indoor-Freestyle-Halle Europas
- Das Weltnaturerbe Sardona mit den Tschingelhörnern
- Die drei herrlichen Bergbadeseen Laaxersee, Crestasee und Caumasee
- Einen Hochseilgarten und den Klettersteig Pinut
- Unzählige Bike-Trails für jede Könnerstufe
- Die einmalige Rheinschlucht

Das gesamte Angebot gibt es unter:
Gästeinformation Flims Laax Falera
081 920 92 00 · info@flims.com
www.flims.com oder m.flims.com

FAMILY
Destination

Flims Laax Falera

Action auf zwei Rädern

Graubünden und Mountainbike passen zusammen. Mit über 110 signalisierten Mountainbikerouten, den wohl besten Single-trails und der umfassensten Erschliessung mit öffentlichen Verkehrsmitteln und Bergbahnen gilt Graubünden als führende Mountainbike-Region der Schweiz.

Viele grössere Tourismusgebiete fördern die Sportart zudem mit Freeridestrecken, Skill Centern und Pumptracks. Es gibt zahlreiche Mountainbike-Schulen, bei denen Kurse für Anfänger und Fortgeschrittene gebucht werden können. Neben den einfachsten Handgriffen am Bike werden hier weiterfüh-rende Tipps zu Kurventechnik, Bergabfahrten oder Balanceübungen vermittelt.

Signalisierte Routen

In Graubünden lassen sich über 110 signalisierte lokale, regionale und nationale Mountainbikerouten befahren. Das sind insgesamt 4000 Km Routenlänge mit über 141 000 Höhenmetern. Darunter befinden sich legendäre Trails für ambitionierte Mountainbike-Spezialisten wie auch attraktive, erlebnisreiche und gemütliche Routen für Familien und Geniesser.

Freeride

In den letzten Jahren legten verschiedene Tourismusgebiete Freeridestrecken an. Dabei geht es mit geringem Federweg oder dann mit robusteren Bikes und einer geeigneten Ausrüstung wie Integralhelm, Brille, Hand-schuhen sowie Rücken- und Knieprotektoren mit der Bergbahn auf den Gipfel und auf Singletrails, teilweise mit künstlichen Elementen wie Sprungschanzen (Tables und Drops) oder Hindernisparcours (Northshores) ergänzt, ins Tal zurück. Führende Anbieter sind Chur, Klosters, St. Moritz, Flims, Laax und Lenzerheide.

Pumptrack

Ein Pumptrack ist eine Wellen-Mulden-Bahn, welche von einer breiten Nutzergruppe mit Mountainbikes, BMX-Rädern, Strassenvelos bis hin zu Laufrädern befahren werden kann. Der Name «Pumptrack» stammt von der aktiven Be- und Entlastung des Fahrrads, welche als «pumpen» bezeichnet wird und die Vorwärtsbewegung ohne Pedalantrieb ermöglicht. Pumptacks erlauben eine spielerische Verbesserung der Fahrtechnik und bieten Gemeinden und Tourismus-gebieten die Möglichkeit, einen neuen Bewegungsraum für eine breite Altersschicht zu schaffen.

www.graubuenden.ch/bike

Nicht nur für Kids: Skill Center und Pumptracks.

Der gemeinsame Weg ist das Ziel

Liebe Wandernde, liebe Mountainbikende, liebe Velofahrende

Wir freuen uns, dass Sie auf Bündner Wegen und Pfaden die landschaftlichen Schönheiten und die kulturelle Vielfalt unseres Kantons erleben wollen. Ein nutzbares Wegnetz von rund 17'000 Kilometer steht Ihnen in Graubünden für Ihre sportlichen Aktivitäten zur Verfügung, seien das Wandern, Trail Running, NordicWalking, Velofahren oder Mountainbiken.

Nicht zuletzt auch angesichts der steigenden Zahl an Nutzern und neuen Nutzergruppen sind wir in Graubünden der Ansicht, dass nur das verständnisvolle und tolerante Miteinander die Lösung sein kann.

Wir wünschen Ihnen einen erholsamen und genussvollen Aufenthalt, mit herzlichen Begegnungen im Velo-, Mountainbike- und Wanderland Graubünden.

| Ihre Bündner Feriendestinationen | Fachstelle für Langsamverkehr Graubünden | BAW Bündner Wanderwege |

Weiter Informationen zum Thema unter www.langsamverkehr.gr.ch und www.baw-gr.ch.

Sicherheit und Regeln

Fahren Sie gut

Wichtige Verkehrsregeln

- Radwege und gemeinsame Rad-Geh-Wege sind benutzungspflichtig – Rücksicht gegenüber Fussgängerinnen und Fussgängern sowie langsameren Velofahrenden ist hier geboten.
- Rechts fahren gilt auch auf Radwegen.
- Allgemeines Fahrverbot gilt auch für Velofahrende.
- Nebeneinander fahren ist auf Radwegen erlaubt.
- Kindervelos, welche nicht strassentauglich ausgerüstet sind, gelten als FäG (Fahrzeugähnliche Gefährte). Sie dürfen nur auf dem Trottoir gefahren werden.
- Fahren Kinder auf der Fahrbahn, muss ihr Velo strassentauglich sein (Bremse, Glocke, Leuchtpedale, Schluss- und Vorderlicht, Rückstrahler hinten und vorne, Schloss). Unter 6 Jahren ist auf Hauptstrassen die Begleitung durch eine erwachene Person vorgeschrieben.
- Die Velovignette wurde 2012 abgeschafft. In Haftungsfällen ist die private Haftpflichtversicherung zuständig.

So fahren Sie sicher

- Genügend Abstand zum Strassenrand und zu parkierten Autos (ca. 70 cm) halten.
- Im Zweifelsfall bei Kreuzungen nicht rechts vorfahren – der tote Winkel birgt grosse Gefahren.
- Im Kreisel in der Mitte der Fahrspur fahren.

Biker nehmen Rücksicht auf Wandernde.

- Beim Linksabbiegen: Blick zurück, gut sichtbares Handzeichen und einspuren. Mit Kindern allenfalls besser am rechten Strassenrand anhalten und die Strasse dann bei freier Fahrt überqueren.
- In der Dämmerung und nachts nur mit eingeschaltetem Licht fahren. Helle Kleider und reflektierende Materialien machen Sie besser sichtbar.
- In Gruppen fährt im Idealfall am Anfang und am Schluss je eine erfahrene Person. Genügend Abstand zum vorderen Velo ist wichtig, um Ausweichmanöver und Auffahrunfälle zu vermeiden.

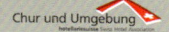

Willkommen in den Pro-Natura-Schutzgebieten

Gönnen Sie sich auf Ihrer Velotour eine Pause in einem der 80 Schutzgebiete im Kanton und entdecken Sie ein Stück lebendige Natur. Die Schutzgebiete beherbergen mit ihren Mooren, Magerwiesen, Tümpeln, Hecken und Urwäldern viele Tier- und Pflanzenarten. Lauschen Sie dem Konzert der Unken im Frühling, beobachten Sie die Ringelnatter beim Jagen, schnuppern Sie sich durch die Blumenwiese. Im Bündner Rheintal empfehlen wir z.B. einen Halt in der Siechastuden in Maienfeld, wo sich an die 160 Vogelarten beobachten lassen. In Paspels im Domleschg liegt unterhalb der Kapelle Maria Magdalena die blumenreiche Trockenwiese Dusch, und in Maloja locken Gletschertöpfe sowie der Torre mit wechselnden Ausstellungen.

Ringelnatter – für einmal ganz entspannt.

Über 50 Jahre Erfahrung

Pro Natur Graubünden wurde 1965 gegründet und setzt sich seither ein für Natur- und Landschaftsschutz. Neben der Pflege von über 80 Schutzgebieten engagiert sich Pro Natura Graubünden im praktischen und politischen Naturschutz, betreibt Umweltbildung in den Jugendnaturgruppen und Öffentlichkeitsarbeit, etwa mit Standaktionen.

Weitere Informationen finden Sie unter:
www.pronatura-gr.ch

Haselmaus im Schutzgebiet Isla Mulin Sut, Castrisch.

DIE SCHÖNSTEN VELOTOUREN
VOR IHRER HAUSTÜR

Veloland Basel
Die 25 schönsten Velotouren im Dreiland

ISBN 978-3-85932-642-2

Veloland Bern
Die 25 schönsten Velotouren in der Region Bern

ISBN 978-3-85932-641-5

Veloland Zürich
Die 29 schönsten Velotouren in der Region Zürich

ISBN 978-3-85932-535-7

Veloland Ostschweiz
Die 29 schönsten Velotouren in der Ostschweiz

ISBN 978-3-85932-658-3

L'Arc lémanique à vélo
25 belles balades

ISBN 978-3-85932-659-0

Veloland Schaffhausen-Winterthur
Die 29 schönsten Velotouren in der Region

ISBN 978-3-85932-681-1

WERDVERLAG

Alle Pro-Velo-Führer mit ausklappbaren Tourenblättern und Karten, Spiralbindung
CHF 34.90 / EUR 28.90
(Preisänderungen vorbehalten)

buecher@werdverlag.ch,
T 0848 840 820 (CH), T 07154 13 270 (D)
Weitere Veloführer finden Sie in unserem
Buchshop www.werdverlag.ch

Platten flicken unterwegs

Die kinderleichte Schritt-für-Schritt-Anleitung für unterwegs – damit kann in den meisten Fällen auf die Hilfe des Velomechanikers verzichtet werden.

1. Benötigtes Material bereitlegen
- ein Set Veloflickzeug (Flicken, Gummi-lösung, Schleifpapier), alternativ einen Ersatzschlauch
- Pneuhebel aus Kunststoff
- eine Pumpe

2. Schlauch ausbauen
Beim herausgenommenen Rad (meistens Schnellspanner; Achtung, je nachdem müssen die Bremsen ausgehängt werden) mit den Pneuhebeln den Reifen auf einer Seite über die Felgenflanken ziehen. Ventilschraube lösen und den Schlauch herausziehen.

3. Loch suchen
Schlauch aufpumpen, meist spürt man durch den Luftstrom, wo das Loch ist. Mit einem Kugelschreiber ein Fadenkreuz um das Loch markieren, damit man nachher noch weiss, wo es ist, wenn die Luft wieder draussen ist.

4. Ursache suchen (Bild 1)
Reifen-Innenseite abgreifen, nach der Ursache (Dornen, Glassplitter, Nägel etc.) suchen, sonst nützt alles Flicken des Schlau-ches nichts.

5. Schlauch aufrauen
Den Schlauch um das Loch herum mit Schleifpapier aufrauen. Klebefläche sauber und trocken halten.

6. Gummilösung auftragen
Eine dünne Schicht Gummilösung, etwas grösser als der Flicken, auftragen. Und nun das Wichtigste: Warten, bis die Lösung trocken ist (erkennbar am matten Farbton), sonst klebt der Flicken nicht.

7. Flicken aufkleben (Bild 2)
Flicken von der Trägerfolie entfernen (Klebe-fläche nicht berühren) und aufkleben. Flicken sehr gut andrücken. Hat sich der Flicken mit dem Schlauch verbunden, lässt sich die obere Schutzfolie ablösen. Schlauch aufpumpen und prüfen, ob nun alles dicht ist.

8. Schlauch montieren (Bild 3)
Luft ablassen, bis der Schlauch noch gut in Form ist und einfach zwischen Pneu und Felge eingelegt werden kann. Offene Pneuseite wieder über die Felge ziehen. Entweder mit Pneuhebeln oder von Hand Pneu Schritt für Schritt über die Felgenwand ziehen. Darauf achten, dass der Schlauch nicht eingeklemmt wird.

Text: Marius Graber, velojournal
Fotos: Marcel Kaufmann

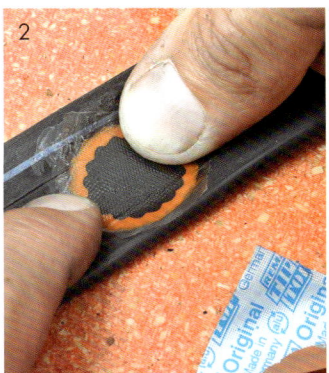

Kombinationen der Touren

Wenn mehr als nur ein Tag für die Velotour zur Verfügung steht, dann gibt es hier Tipps, wie die unterschiedlichen Touren im Kanton Graubünden kombiniert werden können. Als Übernachtungsvorschläge sind Bikehotels oder velofreundliche Hotels aufgeführt. Die einzelnen Touren reichen von leichten Familientouren bis mittelschweren Biketouren.

Vom Bergsee zum Walensee
- Eingewöhnungsetappe, Nr. 9:
  «La vista è bella»
  Rundtour in Lenzerheide, mittelschwere Familientour, Übernachtung in Lenzerheide, Bikehotel Collina, Voa Val Sporz 9, 081 385 00 85, www.hotelcollina.ch
- 1. Etappe, Nr. 11:
  «Durch den Alten Schin»
  Lenzerheide–Thusis, mittlere Biketour, Übernachtung in Thusis, Hotel Viamala, Hauptstrasse 68, 081 650 08 08, www.viamalahotel.ch

Wer fit genug ist, kombiniert die Touren.

- 2. Etappe, Nr. 13:
  «Domleschger Polenweg»
  Thusis–Chur, leichte Familientour, Übernachtung in Chur, Zunfthaus zur Rebleuten, Pfisterplatz 1, 081 255 11 44, www.rebleuten.ch
- 3. Etappe, Nr. 1:
  «Burgenblauburgunderland»
  Chur–Sargans, leichte Familientour, Übernachtung in Sargans, Zunfthaus zum Löwen, Städtchenstrasse 60, 081 723 71 03, www.zunfthausloewen.ch
- Abschluss mit Teilstrecke, Nr. 3:
  «Zum Walensee pedalen»
  Sargans–Walensee, leichte Familientour

Vom Ober- ins Unterengadin
- 1. Etappe, Nr. 2:
  «Oberengadiner Seen»
  Maloja–Pontresina, leichte Familientour, Übernachtung in Pontresina, Sporthotel Pontresina, Via Maistra 145, 081 838 94 00, www.sporthotel.ch
- Oder: 1. Etappe, Nr. 22:
  «Gletschertour Berninapass»
  Berninapass–Pontresina, mittlere Biketour, Übernachtung in Pontresina, Hotel Palü, Berninastrasse, 081 838 95 95, www.palue.ch
- 2. Etappe, Nr. 23:
  «Bären- statt Ochsentour»
  Pontresina–Zernez, leichte Familientour, Übernachtung in Zernez, Hotel Parc Naziunal il Fuorn, ausserhalb Zernez, 081 856 12 26, www.ilfuorn.ch
- 3. Etappe, Nr. 24:
  «Durchs Unterengadin»
  Zernez–Scuol, mittlere Familientour, Übernachtung in Scuol, Hotel Arnica, Via da Brentsch 417, 081 864 71 20, www.arnica-scuol.ch
- 4. Etappe, Nr. 25:
  «Hochalpire Genusstour»
  S-charl–Müstair, mittlere Biketour

Index

- Baden
- Kultur
- Natur
- Erlebnis
- Velofachgeschäfte
- E-Bike Miete

Index Baden

Baden im See. Es gibt nichts Schöneres, als nach oder während der Velotour ins kühle Wasser zu springen. Nachfolgend finden Sie schöne Bademöglichkeiten in Seen, Thermalbädern sowie in Aussen- und Innenbädern, mit dem Verweis zu den entsprechenden Tourenvorschlägen.

Badeseen

Frei-, Hallen- und Thermalbäder

Der Caumasee besticht mit seiner atemberaubenden Farbe und der einmaligen Lage im Wald.

Auf den vorgeschlagenen Touren lässt sich vieles entdecken – so wird aus der Velotour mehr als ein sportlicher Ausflug.
Die aufgeführten Nummern verweisen auf die beschriebenen Touren.

Eine etwas andere Kirche – in Cazis kann sie besichtigt werden.

Kirchen, Burgen, Schlösser

Museum, Ausstellung, Events

Index Kultur

Index Natur

Erlebnisse in der Natur gehören beim Velofahren dazu. Dabei darf auch gelernt werden. Dies wollen die vielen Lehrpfade im Kanton erreichen. Im Folgenden finden Sie Tipps, wie sich die eine oder andere Velotour bereichern lässt. Die aufgeführten Nummern verweisen auf die beschriebenen Touren.

Lehrpfad, Naturzenturm

Naturwunder

Blick vom Kunkels auf das Domleschger Nebelmeer.

TD IMPULS

Erleben Sie den E-Bike „Fahrgefühl-Testsieger" bei Ihrem Fachhändler und wählen Sie Ihre Lieblingsfarbe dank à la carte Montage in Kreuzlingen.

Bestes
Fahrgefühl
Testsieger
im Velojournal
Spezial 2012

velos⁺
www.tds-rad.ch

Index Erlebnis

Auch wenn Velofahren gemütlich und schön ist, reicht das manchmal nicht aus. Hier erhalten Sie einige Ideen, um die Touren noch spannender zu gestalten.
Die aufgeführten Nummern verweisen auf die beschriebenen Touren.

Znüni in der Davoser Brauerei Monstein gefällig?

Bad Ragaz, Bigger und Co.,
Sarganserstrasse 11, 081 302 15 72......4
Bad Ragaz, Radsport Bislin,
Sarganserstrasse 19, 081 302 55 53 2
Bellinzona, Dream Bikes,
Via del Bosco 1, 091 825 00 90........ 17
Bergün, Mark Sport,
Hauptstrasse 106, 081 407 11 65...... 20

Celerina, Alpine-Bike Engadin,
Via Maistra 58, 081 833 05 05......... 21
Chur, Arcas Tretmaschinen,
Jochstrasse 1, 081 252 01 76.............1
Chur, Velocenter Imholz,
Wiesentalstrasse 135, 081 353 62 00....5

Davos Platz, Ivan's Velo Sport Davos,
Talstrasse 22, 081 413 39 09 7
Davos Platz, Metz – 2Radfachgeschäft,
Talstrasse 28, 081 413 51 32 ....7, 8
Disentis, Levy Moto-Cicletta GmbH,
Lukmanierstrasse 20,
081 936 43 83 ....15, 16
Disentis, Menzli Sport,
Via Alpsu 14, 081 947 55 83 15
Domat/Ems, Bumi Sport,
Via Nova 69, 081 633 31 41 13
Domat/Ems, M.K. Maissen,
Via Nova 40, 081 633 36 33 5

Flims, Boarderworld,
bei Talstation, 081 927 70 77 14
Flims, Bundi Sport,
Via Nova 72, 081 911 33 90 14

Igis, Christian Valär,
Unterdorfstrasse 39, 081 322 66 14 1

Küblis, Velo Flütsch,
Hauptstrasse 1, 081 330 53 60 6

Landquart, Brauchli,
Bahnhofstrasse 18, 081 322 38 04 2
Landquart, Brauchli,
Montalinstrasse 1, 081 322 38 04 .....3, 5
Lenzerheide, Activ Sport Baselgia,
Voa Sporz 19, 081 384 25 34...9, 10, 11

Lenzerheide, PEAK 1475 M.Ü.M.,
Arkade Hotel Schweizerhof,
081 385 10 16 .... 9, 1C

Malans, Bike4fun,
Bahnhofstrasse 1, 081 322 51 10......1, 2
Mels, Drift Bike Shop,
Sarganserstrasse 9, 081 710 49 09.......3
Müstair, Tschenett Fahrräder/Metallbau,
Via Palü 111, 081 858 59 63........... 25

Pontresina, Schweizer Langlauf- und
Bikezentrum, beim Bahnhof,
Via Cuntschett 1, 081 838 83 88....22, 23
Poschiavo, Claudio Bike,
Via da Resena 254 A, 079 468 97 81.. 26
Poschiavo, Magnicicli,
Via da la Pesa 240, 081 844 22 44.... 26
Pratval, Mittner 2-Rad-Technik,
Domleschgerstrasse 3, 081 655 12 46.. 12

San Bernardino, Lumbreida Sport,
091 832 15 67 17
Savognin, Bananas Sport Shop,
Naloz 4, 081 637 11 00............... 19
Schiers, Muzzarelli Bike,
Schra 508A, 081 328 13 17..............6
St. Moritz, Viva-Sportiva,
Via Rosatsch 10, 081 832 19 19........ 21
Scuol, Bikeria, Via da la Staziun,
081 864 83 84 ....24, 25
Splügen, Splügen Sport,
Erlaweg 132 c, 081 664 19 19......... 18

Thusis, Banzer Sport,
Neudorfstrasse 36, 081 651 20 38 ...11,12
Thusis, Viamala Sportwerkstatt,
Schützenweg 1, 081 651 52 53 .. 11, 13, 18

Zuoz Willi Sport, Chesa La Tuor,
081 854 12 89 23

E-Bike Miete